EL GERENTE DE LA
MILLA EXTRA

IMPACTO DEL COMPORTAMIENTO GERENCIAL SOBRE EL RETORNO
DE INVERSIÓN, (ROI): ALCANZARLO Y MANTENERLO

JOSEPH COX

authorHOUSE®

AuthorHouse™
1663 Liberty Drive
Bloomington, IN 47403
www.authorhouse.com
Phone: 833-262-8899

Traductores/Editores en Español:
Denisse Behar Q.B./T.J.
Regina Rodriguez M.D.

Publicada por AuthorHouse 01/23/2024

ISBN: 979-8-8230-1607-0 (tapa blanda)
ISBN: 979-8-8230-1608-7 (tapa dura)
ISBN: 979-8-8230-1606-3 (libro electrónico)

Número de Control de la Biblioteca del Congreso: 2023919527

Información sobre impresión disponible en la última página.

Este es un libro impreso en papel libre de ácido.

CONTENIDO

ACERCA DEL LECTOR

Si usted es un gerente, es posible que se pregunte cómo su comportamiento hacia el personal afecta en la productividad y en la contribución de su departamento a las ganancias. Si es así, este libro es para usted. El autor tuvo muchos trabajos detestables. Los gerentes apáticos empeoraron las malas condiciones. Él estaba tan preocupado que hizo que pasara la mayor parte de su vida adulta descifrando las métricas (resultado neto) del mundo real, derivadas del comportamiento de los jefes hacia las personas bajo su cuidado. La ausencia de rendición de cuentas en el maltrato al personal con la consecuente baja productividad ha sido la norma universal. Aun así, hay muchos gerentes que actúan en beneficio de sus colaboradores. ¿Qué diferencia medible produce?

Es difícil conseguir métricas sobre insumos intangibles, razón por la cual este libro abarca casi cuatro décadas. Hay muchas agujas conductuales en el pajar corporativo. Para aislar aquellas que aumentan la productividad y las ganancias, el autor midió un rango amplio de insumos conductuales y su impacto. Los estados financieros auditados en el transcurso de los proyectos de investigación son evidencia empírica de ese impacto. Los estudios de correlación están resumidos para los lectores. El cambio conductual mensurable es muy lento; por lo que el tiempo se ha comprimido. Sin embargo, han surgido signos positivos a partir del primer año desde la introducción de métricas de comportamiento que aumentan la rendición de cuentas. El misterio del personal no comprometido se resolvió durante el proceso. Es el comportamiento afectuoso, a la antigua usanza, que convierte tinta roja (pérdida en estados financieros) en negra. Los gerentes apáticos exudan tinta roja. Le sorprendería saber cuánto. Todo se reduce en identificar dónde está ubicado usted (y todos los gerentes) en el *continuum* apatía-empatía. Los gerentes no están estancados. El cambio de comportamiento positivo es factible.

Cuando llegue al resultado neto - y al último capítulo – tendrá el control de los insumos negativos intangibles que aquejan a las empresas. Tendrá una ventaja sobre todos aquellos que no leyeron este libro. Sabrá lo que su personal necesita de usted, lo que le permitirá mejorar su desempeño. Será muy apreciado por proporcionarlo. ¿Y su empresa? Le darán el reconocimiento por abrir la llave de una fuente completamente nueva de ganancias. ¿No deberían los gerentes tener un algoritmo de comportamiento para maximizar los resultados? Está aquí. A medida que lo aplique, estará recorriendo la milla extra por su personal. Ellos tendrán un comportamiento recíproco. Sus números validarán el impacto en ganancias (dólares o la moneda que utilice su empresa) y serán la prueba de su efectividad.

INTRODUCCIÓN

ACERCA DEL AUTOR Y DEL LIBRO

Si está leyendo esta introducción para decidir si debe adquirir este libro, quizás quiera saber cómo comenzó la saga que aquí se relata. El niño de la fotografía soy yo, en nuestra casa en Boggy Creek, Florida, cerca de la ubicación actual de Disney World.

Al momento de esta fotografía, mis padres trabajaban recolectando naranjas para llegar a fin de mes. Ninguno de ellos llegó a graduarse de secundaria, empezaron a trabajar después del octavo grado, a mitad del nivel básico de la escuela secundaria. A pesar del comienzo humilde y de un entorno de pobreza, gracias a la formación que recibí de mis padres, al final de mi adolescencia encontré mi propósito de vida. La pubertad había sido difícil. Me imaginaba en distintas profesiones, pero nada podía mantener mi interés por más de unos pocos días. No sé por qué, pero necesitaba saberlo. Finalmente, llegó el día en que, exasperado, caí de rodillas y me lamenté: "Oh Dios, ¿cuál es la respuesta?" No fue una oración, solamente una exclamación. Pero, obtuve una respuesta.

De repente supe que debía comunicar un mensaje. No sabía cuál era, ni quién sería mi audiencia, pero sabía que lo hablaría y lo escribiría. ¿Cómo podemos saber algo así? Es algo tan fuerte que no podemos negarlo; sería como negar quiénes somos. Ese día me convertí en una persona distinta, debía descubrir en qué creía y quiénes necesitaban escucharlo. Nunca dejé de pensar en ello, me tomó veintiún años entenderlo. No tenía pasión por nada en particular. Mi propósito se convertiría lentamente en una percepción consciente.

En ese intervalo obtuve una licenciatura, me casé, me mudé a Sudáfrica, tuve tres hijos y me divorcié después de 17 años. Durante ese tiempo obtuve una maestría en administración de empresas (MBA, por sus siglas en inglés; me parece que la letra "M" es una denominación errónea de por lo menos una habilidad). Fui jugador profesional de rugby durante once años, profesor de física en una escuela secundaria y director técnico de rugby durante seis años. Trabajé diez años en posiciones gerenciales e inicié dos negocios: construcción de casas y agricultura.

Después de todo lo anterior y en este momento de mi vida, inicia el primer capítulo de "El Gerente de la Milla Extra". El libro abarca casi cuatro décadas. Hoy, todo tiene sentido. La claridad sobre el propósito es emocionante; todavía lo estoy cumpliendo. Pero no estoy solo en ello. Cuando el propósito es noble nunca es egoísta y si no hay egoísmo, otras personas ayudan a alcanzar la meta.

Más allá de mis experiencias personales, este libro es acerca de ustedes y para ustedes – mis lectores. Si están en el ámbito empresarial, se trata de las personas que trabajan para ustedes. Así mismo incluye a las empresas para las que trabajamos y a sus accionistas. La cúspide de las conexiones que deseo que los lectores hagan es esta: *Lo que damos a nuestro personal es lo que obtendremos de ellos. Ellos determinan, en gran medida, el éxito de nuestro emprendimiento.* Eso está demostrado en este libro.

El propósito se vuelve mucho más claro si nos casamos con alguien que tiene habilidades que nosotros carecemos y que nos complementa. Las habilidades complementarias enriquecen el esfuerzo y los resultados. El trabajo es más intencional. Eso es un gran motivador. Logramos más y de mejor calidad. Más personas se benefician de nuestro trabajo.

JosephCox   Regina Rodriguez

También se trata de pasión, esa búsqueda noble que saca lo mejor de nosotros. Mi actual esposa, Regina Rodríguez, es médica y cirujana, certificada en salud ocupacional con experiencia en empresas transnacionales en América Latina. Esto la preparó para los tres estudios plurianuales que realizamos, en los que se vincula las métricas de satisfacción de las necesidades laborales con la productividad y la rentabilidad de las empresas. Su corazón está en este trabajo tanto como el mío. Han sido 20 años muy productivos.

Recopilamos una enorme cantidad de datos. Correlacionamos las estadísticas de entrada con las de salida, encontramos anomalías que deberían tener correlación, pero no la tenían y posteriormente las investigamos a través de nuestras empresas socias de investigación. Resaltamos cada anomalía y le dimos seguimiento individual. Se identificaron y resolvieron las causas subyacentes. Sabemos que fueron resueltas - debido a que la productividad y las ganancias aumentaron.

Veintisiete años de estudios de campo (incluyendo un estudio en solitario de 17 años de duración) produjeron los mismos resultados cuando se identificaron las contribuciones de comportamiento importantes. Mi mensaje fue: *preocuparnos por nuestra gente* - en particular por sus necesidades laborales. La *gerencia* se convirtió en mi audiencia. Nuestra misión es mejorar la calidad de atención al personal. A medida que profundizamos en el tema de la atención, encontramos que la intensidad y la frecuencia son críticas. Si el personal no lo percibe, no estamos enriqueciendo su experiencia laboral. El beneficio para las empresas al institucionalizar la atención a las necesidades laborales, como se establece aquí, es duplicar (aproximadamente) las ganancias netas en tres años.

Este es el décimo libro que escribo. Después de varios acontecimientos en investigación y desarrollo, describí los procesos, estadísticas y herramientas desarrolladas en el camino. Los lectores de habla hispana pueden revisar "Lo Que No Aprendí en mi MBA" (2007). En inglés se recomienda *"Nail it Today with Both Hands'"* (2013) disponible en Amazon. "El Gerente de la Milla Extra" es el tercer libro que escribo desde que Regina se unió a mí. Ella revisó cada línea de cada manuscrito y aportó claridad, concisión y pragmatismo a intangibles complejos. Gran parte del crédito es para ella. La edición en español es un agradecimiento (y refuerzo) para los socios latinoamericanos que ofrecieron sus empresas como laboratorios de investigación y desarrollo para consolidar la equidad de las necesidades laborales.

El libro es muy compacto y no es de lectura rápida. Está escrito para ser digerido y aplicado, de lo contrario la verdad se desperdicia. La Verdad transforma a las personas y a las empresas. Cuando la aplicamos, los resultados previstos se materializan. Durante los siguientes tres años, si las necesidades laborales de las personas son satisfechas, verá los milagros de las métricas. Hemos desarrollado las herramientas para apoyarlo.

La verdad se empaña por un concepto erróneo de la gerencia con respecto a los colaboradores: "Nosotros sabemos qué es lo mejor para ustedes".

Disculpen, pero no lo sabemos. No estamos sentados en sus sillas ni frente a sus mesas de trabajo. No hacemos su trabajo. No interactuamos con sus compañeros de trabajo, ni con muchos de sus supervisores. No nos sentimos prescindibles. No recibimos sus salarios y ellos carecen de nuestros beneficios. No podemos leer sus mentes. Solamente ellos saben lo que quieren, pero no les hemos preguntado, porque *ya lo sabemos*.

Jacob Harold, cofundador de "*Candid*", lo expresa correctamente:

> "Se debe tener un ciclo de retroalimentación que sea cualitativo, que sea humano. La mejor forma de hacerlo es preguntar a las personas a quienes intenta servir si lo que está haciendo les ayuda y tener los oídos abiertos a las señales que envían cuando algo no está funcionando".

El personal no comprometido o desinteresado nos indica que algo no está funcionando correctamente. Los datos obtenidos del Sistema nos dicen exactamente qué es. Retroalimentamos a los gerentes y les recomendamos las estrategias para eliminar los obstáculos de la satisfacción y activar así, los motivadores del trabajo. El trabajo se vuelve más significativo y gratificante; la productividad aumenta.

El "Gerente de la Milla Extra" aborda el problema empresarial más costoso del mundo: colaboradores no comprometidos o desinteresados. *Gallup, Inc.* informó que, en el año 2022, el compromiso de los trabajadores en Estados Unidos de América estaba en un 32 %. En otros lugares es aún más abismal. Ninguna empresa ha resuelto este problema estadístico. Nosotros eliminamos el misterio de este enigma. La aplicación de las estrategias comprobadas que se presentan aquí convierte a los gerentes mediocres en ejecutivos de alto desempeño, quienes transforman a sus equipos en colaboradores altamente eficientes. Se aprovechan los talentos de cada gerente y de cada integrante del equipo de trabajo. ¿No debería ser esto la norma?

La diferencia en la productividad debido a la alta motivación es sorprendente. Se convierte en una tercera fuente de ganancias. Para los Directores Generales Financieros (CFO, por sus siglas en inglés para

Chief Financial Officer), *The Third Bucket of Profit*™ (El Tercer Cubo de Ganancias) iguala al beneficio del margen bruto y el control de gastos, *combinados*. Los CFO y los analistas financieros deben controlar los tres cubos de beneficios. Los informes anuales deberían clasificar al cubo número 3 al mismo nivel que los márgenes y el control de gastos. En consecuencia, los auditores deben investigarlo e incluirlo en sus informes. Es un indicador clave de desempeño (KPI, por sus siglas en inglés para Key Performance Indicator) de alto rango. En este libro lo llamamos el índice de productividad (PI, por sus siglas en inglés para Productivity Index). Lo calculamos de manera diferente a como lo calcula el Departamento de Trabajo – por razones motivacionales.

Los hallazgos de "El Gerente de la Milla Extra" son contundentes. A pesar de los miles de millones gastados anualmente para cambiar el comportamiento de los gerentes, persiste la inequidad, la falta de compromiso, la rotación de personal y los climas tóxicos. La tecnología que surge de esta investigación no deja margen para los gerentes indiferentes. Rastreamos la tinta roja directamente hacia la apatía por la satisfacción de las necesidades laborales del personal. Cuando los gerentes no atienden las necesidades legítimas identificadas en esta investigación, se necesita una acción correctiva posterior. Los hechos crudos acerca del comportamiento de cada gerente permiten implementar estrategias personalizadas. ¿De dónde obtenemos la información para trabajar? De una investigación exhaustiva y del personal que trabaja para nosotros. Escucharlos es transformador.

Deseo que mis lectores estén listos para una aventura interesante, enriquecedora y que cambia los paradigmas. Eso es lo que ha sido, y aún es, para nosotros.

1

ORÍGENES AFRICANOS

"Una de las cosas más aterradoras en este mundo, es que otras personas puedan tomar decisiones que cambien nuestra vida".

KARISHMA MAGVANI

Estaba en la oficina de Alec Rogoff, director ejecutivo de Beares Ltd., en Durban, Sudáfrica. Acababa de hacerme dos preguntas que parecían amenazar mi trabajo:

"¿Cuánto gastó en el programa de liderazgo para nuestros gerentes?"

"¿Cuál ha sido el incremento en las ganancias que se generaron debido al programa?"

La segunda pregunta era más aterradora que la primera. Respondí de inmediato a la primera pregunta: "Un poco menos de un millón de dólares."

Luego continuó: "Tenemos 1,300 vehículos propiedad de la empresa y no son suficientes. Podríamos comprar otros cincuenta con ese millón y los necesitamos. Estamos abriendo nuevas tiendas."

Era finales de 1982. Los camiones de cinco toneladas para la entrega de muebles costaban alrededor de $20,000 cada uno (el rand sudafricano tenía un valor aproximado al dólar estadounidense en ese momento). Me dio treinta días para responder a su segunda pregunta y luego terminó la *reunión*.

Beares ha sido la mejor empresa para la que he trabajado. Fue una experiencia laboral excelente para mí, con un gran jefe. Mi posición era la de gerente de capacitación del grupo empresarial para 7,500 colaboradores, incluyendo a 1,000 gerentes. El programa que se compró (antes de mi contratación) todavía es utilizado en los Estados Unidos y en el extranjero. Utilicé ese programa para capacitar a los gerentes ubicados en toda Sudáfrica. Las evaluaciones de los participantes fueron positivas, pero eso no ayudó a resolver mi dilema. Mi trabajo estaba en riesgo porque yo no podía hacer lo que ningún otro tampoco podía. ¿Era justo despedirme por eso? Sin embargo, el director ejecutivo tenía razón. ¿Por qué estamos haciendo esto si no podemos demostrar que tiene un retorno cuantificable? Estaba seguro de que únicamente me quedaba un mes de trabajo y no podía desperdiciarlo.

Si su trabajo está en riesgo, ¿cómo puede documentar el impacto financiero del programa de liderazgo? Si me acompaña en el recorrido hasta el final de este libro, analizaremos esa pregunta juntos. ¿Deberíamos empezar con una conversación de los gerentes que participaron en el programa de liderazgo? ¿Qué hicieron con el programa?

Empecé a programar citas, dos diarias, con los gerentes de tienda de muebles que estuvieran a una hora de Durban en auto. Cuarenta entrevistas durante el siguiente mes deberían darme ejemplos del uso y posibles resultados o de las razones por las cuales no se utilizó. Los gerentes habían tenido más de un año para aplicar el programa.

Muchos programas de liderazgo enseñan a los gerentes a adaptar su estilo a las necesidades de dirección y apoyo de su equipo de trabajo. Pero, los problemas de desempeño se multiplican rápidamente si los gerentes tienen varios equipos, cada uno con distintas tareas y niveles de competencia. Aplicar el estilo correcto en el momento preciso implica recordar en el instante el contenido de los talleres de capacitación realizados hace más de un año. La aplicación requería versatilidad de estilo, en tiempo real. Al momento de la verdad, el contenido de la capacitación no se transfería al trabajo. Mucho antes de la última entrevista, los resultados eran obvios: no hubo ningún incremento en las ganancias, por lo tanto, ningún retorno sobre la inversión (ROI).

Los cuarenta gerentes volvieron a su estilo natural. Los sacamos de su trabajo, los capacitamos exhaustivamente - gastamos mucho dinero en ello - pero no pudimos reemplazar sus estilos personales. No hicimos pruebas del contenido del programa con un grupo antes de implementarlo en toda la empresa. Un millón de dólares perdidos. Así es como se hacían las cosas en aquel entonces. Todavía es una práctica común.

Aprenderemos juntos sobre otros esfuerzos de capacitación (que carecen de una correlación medible con las ganancias). Aquí hay una pista: en ningún momento las empresas o sus gerentes preguntan al personal qué quieren que la dirección administrativa les proporcione. La dirección decide cómo manejarán los gerentes el desempeño del personal. Solo una idea: antes de desarrollar un producto nuevo, ¿no deberíamos averiguar qué necesitan y quieren nuestros clientes y usuarios finales?

Mi reunión con el Sr. Rogoff estaba programada para el día siguiente de mi última entrevista. Por lo menos tenía algo que reportar, aunque no era retorno sobre la inversión (ROI) del millón de dólares. Su secretaria me hizo pasar, había dormido poco y mis nervios a flor de piel. Resumí los hallazgos y esperé la decisión del Sr. Rogoff. Afortunadamente el *otro* Sr. Rogoff apareció: "Sabía que no encontrarías ninguna relación con las ganancias. Sabía que la compra del programa de liderazgo no había sido tu decisión."

Luego planteó un reto desafiante que me iba a sumergir en una misión que terminaría en este libro, me dijo: "Descubre cómo hacer que la capacitación de los gerentes se mantenga. La rotación de personal nos está dejando en la bancarrota. ¿Qué es lo que el personal quiere de nosotros que no le estamos dando?"

Me dio un proyecto astuto y crucial en el cual sumergirme, con preguntas que desafían las respuestas, además de estudios interminables de prueba y error para determinar las causas y efectos. De inmediato vi que era un proyecto elusivo, una tarea difícil y absorbente. Un terreno completamente nuevo. Curiosamente, eso lo hacía más motivador que intimidante.

Le dije al Sr. Rogoff que para mí era un desafío muy emocionante. Le agradecí la experiencia de aprendizaje y la oportunidad de trabajar en algo relevante para Beares y para otras empresas alrededor del mundo.

Salí totalmente reorientado. Mientras conducía a casa, iba pensando en ello y calculé que tomaría unos siete años correlacionar la capacitación en habilidades blandas con las ganancias. Tomó más de cinco veces ese tiempo. Me entusiasma saber que los lectores compartirán el proceso conmigo. Cada capítulo subsiguiente es un hito en la búsqueda de las respuestas a las preguntas desafiantes del Sr. Rogoff.

Durante el siguiente año y medio, lo abordé como me fue asignado. No sabría el éxito de las innovaciones que introduje en Beares hasta cinco años después. Medir el impacto completo en el resultado neto de Beares tomó otros doce años.

Ahora demos un salto a la década del año 2020. Las preguntas del Sr. Rogoff todavía son válidas. El Lector estará inmerso en la búsqueda de las respuestas, para lograrlo juntemos nuestras ideas.

2

DIVERSIDAD DE OPCIONES EXTRÍNSECAS

"El desperdicio de recursos es un pecado mortal en IKEA".

INGVAR KAMPRAD,
FUNDADOR

REGRESAREMOS A LA HISTORIA DE Beares en un capítulo posterior. Avancemos rápidamente hasta el problema de la motivación laboral, ya que se está lidiando con él en la década del 2020. El tema intangible de moda en la actualidad se denomina *compromiso*. Esto ocurre cuando las personas están tan motivadas que hacen un esfuerzo adicional y no solo el mínimo que exige su salario.

La preocupación por los recursos desperdiciados afecta a todas las empresas. Hay un desperdicio en todas las empresas que no está controlado, ni siquiera en IKEA: dos tercios de las personas aportan solamente una fracción de su capacidad por lo que las empresas necesitan contratar personal adicional para hacer el trabajo. Como veremos, esto reduce las ganancias a la mitad. Las habilidades blandas de los gerentes están fallando a pesar de la cantidad exorbitante de recursos que se invierten para inculcarlas.

Como el Lector probablemente sabe, el estudio serio sobre la motivación inició hace 125 años con Frederick Taylor, el *"Padre de la Administración Científica"*. En aquel entonces no se usaba la palabra *compromiso*, sino *motivación*. Estaba claro que la motivación era importante. Taylor buscó una solución científica para los propietarios de negocios. Lamentablemente, su trabajo no produjo una diferencia mensurable. ¿Fue ciencia como la entendemos en la actualidad, es decir, causa y efecto con base en evidencia? Ese es nuestro enfoque en este libro.

Con el trabajo de Taylor en mente, Mayo, Maslow, McGregor, Herzberg y Drucker, en ese orden hasta el año 2000, aportaron postulados adicionales. La mayoría de los gerentes han estado expuestos a por lo menos uno de los modelos de estos gurús. Lamentablemente el trabajo de estos intelectuales no ha sido implementado correctamente por lo que no se ha podido rastrear hasta el resultado neto. Eso puede dejar al lector preguntándose, como yo, ¿dónde termina todo esto? Aun así, no nos demos por vencidos. Las soluciones se obtienen con perseverancia. Sigamos adelante con una pregunta similar a la que se hicieron los gerentes en 1982.

> ¿Por qué dos tercios de la fuerza laboral en Estados Unidos aún no está comprometida o está desinteresada?

¿Está de acuerdo el lector que es una necesidad apremiante descubrir qué es lo que ha hecho falta? Con su respuesta indicada con una marca (√) a las siguientes interrogantes, intentemos aclarar por lo menos una cosa que se ha pasado por alto:

	más	menos
1. Si el personal piensa que el gerente carece de integridad y falla en guiarlo y apoyarlo como se necesita, ¿estará más o menos dispuesto a dar un esfuerzo adicional?		
2. Si el personal piensa que el gerente tiene integridad y lo guía y apoya según sea necesario, ¿estará más o menos dispuesto a dar un esfuerzo adicional?		
3. Si el personal piensa que el gerente le da un trato justo y tiene sentido de pertenencia con los colegas, ¿estará más o menos dispuesto a dar un esfuerzo adicional?		
4. Si el personal utiliza sus mejores habilidades para el trabajo, ¿estará más o menos dispuesto a dar un esfuerzo adicional?		
5. Si el gerente proporciona a su equipo de trabajo oportunidades de desarrollo, ¿estará el colaborador más o menos dispuesto a dar un esfuerzo adicional?		

Las respuestas pueden no ser blanco o negro. En algunas, no tenemos una respuesta certera. Pero las respuestas sugieren lo que *aparenta* estar haciendo falta. ¿Habrá una pregunta a la que usted respondió con una marca en la opción de "menos"? ¿Era la número uno? Es la única pregunta en la que las necesidades no son satisfechas. ¿Será eso un indicio de la existencia de correlación entre la satisfacción de necesidades laborales y el esfuerzo discrecional (compromiso)? ¿Podemos llevar esa hipótesis un paso más allá? *El personal dará más de lo que la gerencia pide en la medida que la gerencia da más de lo que el personal necesita y quiere.* Si esto es así, ¿quién debe ser el primero en dar?

¿Cuál debe ser la siguiente pregunta clave? Tómese un minuto. ¿Qué le parece ésta? ¿Por qué están los gerentes más interesados en sus propias necesidades que en las de su personal? Tómese otro minuto. Porque todos somos como la mayoría de los gerentes. Esperamos recibir más de lo que damos. ¿Nos resulta útil este comportamiento natural en el trabajo (o en cualquier otro lugar)? Las soluciones deben tener en cuenta la condición humana ya que afecta las relaciones interpersonales. El interés propio puede anular los intereses de los demás. ¿Afectará eso al compromiso, el cual está basado en las relaciones? El lector probablemente (y correctamente) supuso que las relaciones cruciales son:

- Entre el colaborador y su jefe
- Entre el colaborador y su compañero o colega; y
- Entre las habilidades laborales de los colaboradores y el contenido de su trabajo y tareas.

El desempeño laboral se impacta negativamente cuando las relaciones no son óptimas. Eso es intuitivo ¿verdad? Muchas personas desmotivadas seguramente le indican a la gerencia (nosotros) que *algo* hace falta. ¿Y qué creemos que fue? ¿Investigamos y explicamos cómo los beneficios económicos mejoran las relaciones? ¿Cómo provocan un esfuerzo discrecional? Dé un vistazo a estos beneficios para los colaboradores (cosas) que la gerencia ha agregado en los últimos cien años para mantener al personal funcionando de manera óptima:

Igualdad en la oportunidad de empleo.	Política y capacitación en diversidad, equidad e inclusión (DEI).
Días festivos pagados.	Seguro médico
Permiso de maternidad para ambos padres.	12 días o más de licencia por enfermedad.
Planes de pensión	Participación en las ganancias.
Horario flexible	Opción de trabajo desde casa.
Reembolso de matrícula de estudio.	Pago diferencial de turno.
Protección contra el acoso sexual, abuso, despido injusto.	Capacitación de habilidades.
Política de promoción interna.	Bono anual por desempeño.
Cafetería	Viáticos

La mayoría de estos beneficios son opcionales, pero hay algunos que son obligatorios por ley. Hemos avanzado mucho desde la jornada de seis días de trabajo o semana laboral de sesenta y cinco horas en 1850. Uno pensaría que el recurso humano debería estar realizando sus tareas con aplomo, entusiasmo y uso óptimo del tiempo. Sin embargo, los números de la encuesta de compromiso elaborada anualmente por Gallup, Inc. refutan esa noción:

Tendencia en el Compromiso del Trabajador
en los EE. UU. Promedio anual.
% Comprometidos
% Activamente Desinteresados

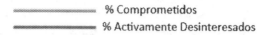

% Comprometidos
% Activamente Desinteresados

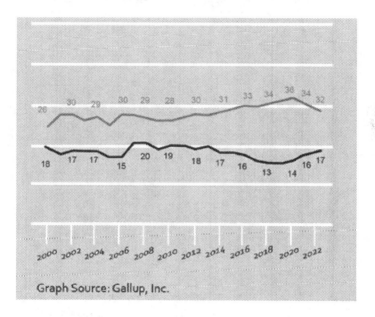

Graph Source: Gallup, Inc.

Básicamente hemos llegado a una gráfica consistente en una línea plana. Hasta la fecha, no hay cura con las "cosas materiales". Los problemas laborares y de la gerencia todavía están latentes. La aguja de compromiso de Gallup dio un pequeño paso en la dirección correcta en un lapso de 21 años. Sin embargo, si los pasos y el ritmo continúan como se muestra, en el año 2122 alcanzaremos el 86 % de compromiso. Las cosas o los beneficios no parecen incentivar el esfuerzo adicional. En poco tiempo podemos quedarnos sin cosas que intentar. Elogiamos cada beneficio que las empresas han otorgado a su personal. Fue generoso. Nuestro propósito aquí es definir el *tipo* de beneficios que motivan a las personas y que generan ROI.

Más allá de lo que las empresas de consultoría ofrecen para corregir la falta de compromiso, las organizaciones en todo el mundo intentan obtener sus propias soluciones. En los Estados Unidos contratamos más de 200,000 nuevos graduados de MBA cada año (seguramente los profesores de posgrado han encontrado soluciones). Además de estos *"masters"*, tenemos "doctores". Miles de personas con doctorados dirigen los departamentos de desarrollo organizacional (OD, por sus siglas en inglés para Organizational Development).

Dato de interés: "Maestría" (como en Máster en Administración de Empresas) omite la maestría de la motivación.

En términos concretos, con el poder cerebral de la alta dirección, junto con lo que recomiendan los científicos del comportamiento, en veintidós años redujimos el desinterés activo (hostilidad) en un punto de cien (1%). Esa estadística nos deja impactados, dado el costo y la inversión de esfuerzo. Para ser justos con todos los que trabajan en esto, los intangibles, como la motivación, son muy difíciles de medir (me arranqué mucho cabello en el intento). Hasta que podamos hacerlo, no definiremos con precisión las brechas, no estableceremos estándares ni asignaremos rendición de cuentas. Cada gerente que tenga algunas carencias en las relaciones interpersonales, como todos nosotros, se salva. Los incrementos de la nómina seguirán erosionando las ganancias.

El "Gerente de la Milla Extra" surgió con la ayuda de una serie de estudios variados, que iniciaron en Beares. El primer paso dado, no el último, fue investigar lo que la gente necesita y quiere (cortesía del Sr. Rogoff). Después de las intervenciones en 1983 bajo el apartheid en Sudáfrica, continué con estudios de varios años en Centroamérica y el Caribe, y el último proyecto de investigación de tres años concluyó en México en octubre de 2021. Entre ellos se intercalaron una serie de micro estudios con grandes empresas estadounidenses.

Las condiciones en las empresas de estudio no eran las ideales, incluso eran alarmantes. En retrospectiva, eso fue ventajoso. Después de Sudáfrica, yo sabía que necesitaba un esfuerzo enérgico e inmersivo, así como perseverancia para aislar las variables clave que afectan el compromiso. El momento de la verdad necesita un escrutinio de cada iniciativa. Cuanto más adversas sean las condiciones, más se puede aprender.

Revelaremos los hallazgos a los lectores a medida que surjan. Juzgue usted la prudencia, virtud y fruto. Ahora sabemos que las necesidades laborales son el gran descubrimiento. Son prominentes, específicas y universalmente comunes. Las iremos enumerando y compartiremos cómo las compilamos. Hasta ahora, la dirección administrativa no ha entendido su papel en el compromiso. Pero ellos gobiernan las relaciones entre la gerencia y el personal. ¿Pueden los lectores casi escuchar a la fuerza laboral decir: "Si no les importa nuestras necesidades laborales, a nosotros tampoco nos importa lo que usted necesita"?

> *Dato de interés: "A las personas no les importa cuánto sabe usted hasta que saben cuánto le importa".*
>
> Theodore Roosevelt

La solución al tema del compromiso está en la psique humana, no en beneficios tangibles. Por agradables que sean, no encienden el entusiasmo por el trabajo en sí. Es otro cubo con distintos motivadores que aprenderemos a llamar *intrínsecos*. ¿Deberíamos profundizar en el universo corporativo intangible?

3

ENFOQUE EN INTANGIBLES

*"Hay realidades intangibles que flotan
cerca de nosotros, amorfas y sin palabras;
realidades en las que nadie ha pensado y que
son excluidas por falta de intérpretes"*

NATALIE CLIFFORD BARNEY

COMO PROBABLEMENTE HAYAN EXPERIMENTADO LOS lectores, los intangibles son fenómenos fáciles de ignorar; no saltan a la vista. Nuestro modo predeterminado es dejarlos en paz, pero ellos no nos dejan en paz a nosotros. Para recuperar el capital de la nómina que se ha malgastado, debemos comprender el complejo y desvinculado mundo de los intangibles.

¿Cuál es el verdadero problema con ellos? Los lectores pueden enumerar una variedad de problemas. ¿Se traslapa su lista con la mía?

- Hay una infinidad de agujas del comportamiento en el pajar corporativo.
- Están en movimiento continuo.
- Abundan las zonas grises.
- Las emociones ocultan problemas y hechos.

- Afectan las métricas, pero ¿cuáles intangibles generan cuál métrica? No lo sabemos.
- Cuando evaluamos, los enredos conductuales atraen, luego decepcionan - así uno tras otro.
- Aislar las causas conductuales es casi tan impreciso como leer mentes.

Lo anterior explica por qué los pensadores curiosos echan un vistazo hacia adentro y luego se apresuran de vuelta a la realidad tangible. La siguiente analogía es apropiada:

> Imagine que es un consejero matrimonial. Quiere saber qué porcentaje de los comportamientos de la esposa y del esposo contribuyó a que su cónyuge decidiera buscar o aceptar el divorcio. Sabiendo eso, podría salvar más matrimonios reduciendo o aumentando ciertos comportamientos de las parejas. Los cónyuges deben apreciar los aportes del otro para que la relación sobreviva.

> La clave aquí es: ¿qué quería cada cónyuge? Lo que fuera, al igual que los colaboradores no comprometidos, los cónyuges no lo estaban recibiendo. El único que podría darlo era el otro cónyuge, pero no estaba dispuesto. Las parejas están motivadas para comprometerse y luego para dejar el compromiso. Con la tasa de divorcio actual cercano a la tasa de pérdida de compromiso laboral en los Estados Unidos, los gerentes y consejeros matrimoniales tienen resultados y desafíos similares. Las desvinculaciones y renuncias son los matrimonios rotos del mundo corporativo. Esos también pueden ser tristes y costosos.

El emperador romano Marco Aurelio escribió en "Meditaciones": "El secreto de toda victoria es la organización de lo que no es evidente".

La subjetividad es la norma en el mundo intangible. La ambigüedad prospera en ella, dejándonos desconcertados acerca de lo que se debe hacer. Los factores sensoriales, emocionales y de sesgo pueden ser costosos, como la falta de compromiso. Hasta que aprendamos a identificarlos, desalojarlos (los comportamientos que se resisten al cambio) o negar su impacto, perderemos las ganancias adicionales provenientes de fuentes intangibles. Las preguntas de los gerentes todavía necesitan respuestas.

Nuestra tarea es identificar y medir los comportamientos relevantes de la mezcla de intangibles. Si los Lectores pueden resolver este enigma en sus lugares de trabajo, las métricas generadas ayudarán a aumentar los comportamientos (motivaciones) que favorecen sus intereses y a disminuir los que no lo hacen. La satisfacción de las necesidades laborales mejora las relaciones, algo crucial para comprometer al personal. Para entender esta tarea, podemos decir que es similar al servicio al cliente.

El buen servicio al cliente implica la satisfacción cualitativa de todas las necesidades del cliente en el momento y de la forma que surgen. Las necesidades del cliente pueden ser repetitivas, cíclicas o aleatorias. En cualquier momento pueden surgir nuevas necesidades. La satisfacción de estas mantiene al cliente comprometido con nosotros. Es una relación de reciprocidad de dar y recibir. Cuando nuestro cliente está satisfecho con lo que recibe de nosotros, responde de manera favorable. Puede convertirse en una relación perdurable de ganar – ganar, basada en el servicio. Eso es importante para mantener las ganancias y por ello, la satisfacción de las necesidades de nuestro personal mejora nuestro resultado neto. Definamos de manera más precisa los insumos relacionados a las necesidades laborales del personal.

La ambigüedad se transforma en hechos cuando se introduce el estímulo objetivo que genera respuestas predecibles (analizaremos la reciprocidad en el capítulo 8). Nuestros estudios demostraron que el comportamiento gerencial, (encaminado a la satisfacción de las necesidades laborales del personal), de alta intensidad y frecuencia incrementa la productividad *a lo largo del tiempo*. Lo medimos con el índice de productividad (capítulo

9). Cuando los gerentes son los primeros en dar, inician el proceso de recepción, lo que a la vez estimula el esfuerzo discrecional del personal.

Los Lectores probablemente asumen que las necesidades del colaborador también son cíclicas, repetitivas o aleatorias. Alguna puede surgir de la nada. Lo anterior hace que la frecuencia e intensidad de las acciones sean igualmente críticas para la satisfacción de dichas necesidades. La encuesta (analizada posteriormente) es el instrumento de medición que desarrollé para capturar y organizar todo aquello que no es evidente. Mide la frecuencia e intensidad de las necesidades laborales con tres sigmas de variación cada una. Una variación de tres sigmas de la media (media = necesidad satisfecha) muestra a un colaborador con mentalidad negativa. La necesidad es intensa y frecuente (doble problema). El gerente no está al tanto, no le importa o ninguna de las dos. La relación se deteriora y el compromiso, si lo había, se convierte en falta de compromiso o en desinterés. La disminución de la productividad es medible.

La evaluación funciona en conjunto con el desarrollo del personal. Para mejorar la calidad de las acciones y satisfacer las necesidades laborales, hemos desarrollado una universidad virtual. Las competencias - habilidades blandas y habilidades profesionales - se enfocan en las necesidades laborales. A medida que se inculcan y dominan, las métricas de habilidades blandas se transforman en concretas, tanto como cualquier factor tangible que afecte el resultado neto.

Todos los involucrados en la cadena de suministro de satisfacción de necesidades del personal tiene menos capacidad para satisfacer las necesidades del cliente si sus propias necesidades no están siendo satisfechas. Ocurre frente a nosotros, pero no lo vemos. Sin embargo, si se tratara de una necesidad del cliente, inmediatamente nos pondríamos manos a la obra. Perdemos ingresos si no lo hacemos.

Dato de interés: Somos muy cuidadosos en la satisfacción de las necesidades de los clientes, pero descuidamos las del personal responsable de la atención al cliente.

¿No deberían los gerentes mostrar a su personal el mismo cuidado que desean para los clientes? La razón es la misma: es rentable. Las acciones de los gerentes generan números rojos o negros debido a la correlación con la productividad decreciente o creciente del personal. Rara vez el comportamiento hacia el personal es neutral.

Probablemente los lectores están apreciando que la administración se trata de saber hacia dónde vamos y qué necesita nuestro personal en el camino. Sin dirección y apoyo sólido, frecuente y de calidad, el esfuerzo discrecional no se materializará.

Repetiremos esto periódicamente para afianzarlo:

> Cada necesidad de trabajo insatisfecha significa que el dinero que debería destinarse a las ganancias se está destinando a la nómina; o, que se están sacrificando ganancias futuras al dejar de cumplir con las necesidades de los clientes.

¿Bajo qué justificación fiduciaria puede la gerencia negarse a institucionalizar la igualdad en la satisfacción de las necesidades? Los accionistas podrían hacer esa pregunta en reuniones del consejo administrativo.

Esta era, desde el COVID-19, está siendo llamada "La Gran Renuncia" y más recientemente "La Gran Deserción". Históricamente se verá como un *evento*. Sigue un paradigma épico que llamamos "*La Gran Brecha*". Es el vacío entre lo que "quieren" los trabajadores y lo que "hay". La gente quiere empleos gratificantes. Eso requiere satisfacer los motivadores intrínsecos. Lo que "hay" es la histórica incapacidad de la gerencia para cerrar esa brecha. Los esfuerzos anteriores para proporcionar nuevos beneficios dejaron intacta La Gran Brecha. Aquellos capaces de hacerlo, se lanzaron como emprendedores, impulsados por psiques hambrientas y evadiendo la apatía de la gerencia hacia sus necesidades laborales.

Desde el año 2000, Gallup, Inc. ha denominado la brecha intrínseca como "falta de compromiso". Las personas que aman sus trabajos no renuncian. Para los desinteresados, COVID-19 fue la oportunidad para buscar satisfacción intrínseca trabajando de forma remota o aprovechando sus talentos para trabajar por cuenta propia. Millones de personas sacrificaron quince beneficios extrínsecos que la dirección había otorgado durante los últimos 100 años para poder ser autónomas, creativas y desafiadas. ¿Los recuperaremos y los mantendremos mediante otro beneficio extrínseco - bonificaciones empresariales? ¿Por qué no ofrecerles inspiración, oportunidad de crecimiento y desarrollo mediante el uso de sus mejores habilidades, al ser partícipe de las ganancias? ¿Por qué no dar la milla extra y cumplir esa promesa?

En el capítulo 6, enumeraremos las necesidades laborales que, una vez satisfechas, se correlacionan estrechamente con la productividad. En el capítulo 7 haremos un contraste de dos formas distintas en que las organizaciones abordan el bajo nivel de compromiso.

Mi Experiencia como Colaborador

A la edad de once años, conseguí un trabajo en un periódico local. Entregaba cien ejemplares diarios, de lunes a sábado, en bicicleta. Pero, la edición del domingo era tres o cuatro veces más gruesa que la edición diaria. Cien ejemplares de periódico no cabían en las bolsas de lona que colgaban de la barra de la manija de mi bicicleta. Así que mi supervisora ayudó con su vehículo.

Ella pasó a recogerme a las 4:00 a. m. del domingo. Antes de las 6:00 de la mañana debíamos entregar los cien periódicos. Para que cupieran en las cajas para periódicos ubicados en las aceras, tenían que estar doblados. No era problema con las ediciones de la semana. La edición del domingo era casi imposible para este niño de once años. Mi supervisora se detuvo frente a su casa, conmigo en el asiento de pasajeros y cien periódicos en el asiento trasero. Me dijo que los doblara todos y les pusiera bandas de goma; luego entró a su casa. Me incliné hacia el asiento trasero y agarré un periódico. En ese momento empezó la desesperación.

Mis manos eran demasiado pequeñas y débiles para doblarlos lo suficiente para ponerles la banda de goma. Una tras otra, las bandas de goma se rompían, lastimando mis dedos que estaban rígidos por el clima inusualmente frío de Florida. Sabía que se avecinaba un gran problema con mi supervisora. Regresó alrededor de las 5:00 a.m. para encontrar únicamente 3 periódicos doblados y con bandas. Me gritó diciendo que era un "perezoso e irresponsable". Ella agarró un periódico, lo dobló y le puso la banda de goma - todo en cinco segundos. "¿Qué tan difícil es eso?" Tendría que decirles a papá y mamá, quienes me habían ayudado a conseguir el trabajo, que me habían despedido.

Dos preguntas acerca de las necesidades laborales: ¿Puede hacer el trabajo la persona tal y como se ofrece? ¿Qué necesita la persona para hacer el trabajo? Descubrí en casa que podía doblar y poner una banda de goma a un periódico del domingo usando una banda más grande. Tal vez hubiera doblado unos treinta; quizá otros treinta más mientras conducíamos la ruta. A lo mejor hubiera podido conservar el trabajo. Contuve las lágrimas hasta las 6:00 a. m. y se me salieron en cuanto salí de su auto.

A medida que los lectores avanzan hacia el final del "Gerente de la Milla Extra", vamos a explorar la biología, psicología, antropología social, estadística y el poder del propósito. Abordemos primero la biología en un capítulo corto pero potente acerca de los comportamientos primitivos.

4

PRIMATES SOCIABLES

*"Todo se mejora con la aplicación
juiciosa de los primates".*

CHRIS ROBERTSON

ALGUNOS DE LOS COMPORTAMIENTOS QUE afectan las relaciones entre los gerentes y los colaboradores están codificados en el ADN. Estamos configurados para querer y esperar de los demás un comportamiento que consideramos justo, especialmente de aquellos con el poder de conceder o negar nuestras necesidades. Como mínimo, esperamos un trato equitativo con los demás integrantes de nuestro grupo. También apreciamos el comportamiento desinteresado de los demás – el altruismo - cuando alguien hace algo por nosotros sin esperar algo a cambio. Cuando lo recibimos, estamos dispuestos a devolver el favor. Pero si somos tratados injustamente, ignorados o se nos niega algo que sentimos es un derecho o simplemente una necesidad, respondemos de la misma manera - con oposición y falta de compromiso. Podemos unirnos en resistencia como un grupo desinteresado. Lo hacemos abierta o clandestinamente. Mostramos falta de respeto e incluso desprecio hacia la dirección si sus ofensas son lo suficientemente graves. La falta de control de estos fenómenos genera un costo elevado y punitivo.

¿De dónde surge este comportamiento en los seres humanos? Probablemente esté pensando: *discutir sobre equidad, altruismo, reciprocidad y desprecio suena más como temas para una conferencia de relaciones laborales, no algo biológico.* Es cierto, pero los orígenes son definitivamente genéticos. Estos rasgos positivos y negativos están presentes en todos nosotros, sin excepción. Son tan antiguos como nuestra especie. Son los que definen al *Homo sapiens*, lo que defendemos o contra lo que luchamos, lo que hacemos cuando nuestras necesidades y deseos son negados. Se manifiestan de forma natural en el trabajo y tienen un impacto directo en los resultados. Los resultados derivados de ellos son medibles en el balance general, como lo estudiamos minuciosamente a lo largo de "El Gerente de la Milla Extra".

La equidad y el altruismo están presentes en nuestros primos, como veremos pronto. En cierta medida, también está presente la reciprocidad. Hasta ahora, el desprecio parece ser exclusivo del humano. Alguna vez pensamos lo mismo del altruismo. Somos los homínidos vestidos en el zoológico corporativo. Tenemos problemas con los encargados del zoológico, ellos nos pueden convertir en entusiastas o resentidos. Reciprocamos en ambas vías y si se trata de estar en contra de verdaderos ogros, seremos despectivos. La tinta roja fluirá.

En los primates hay un aparente sentido universal de equidad. Escuchamos a los niños jugar cuando de repente uno suena la alarma: "¡Eso no es justo!" ¿Por qué apelamos automáticamente a un estándar de equidad? ¿Quién estableció el estándar? ¿Cómo se convirtió en la vara para gobernar las relaciones interpersonales? Nuestros primos tienen el mismo problema con la injusticia. Los monos capuchinos se enfurecen cuando uno de sus compañeros obtiene un mejor premio.

En experimentos realizados en la Universidad de Emory y la Universidad Estatal de Georgia, trece monos capuchinos fueron los sujetos en un estudio de comportamiento de igualdad. Se colocaron pares de monos en jaulas contiguas para que cada mono pudiera ver claramente al otro mono. Los pares de monos fueron entrenados para entregar al observador una pequeña piedra de granito a cambio de un premio. Los premios eran de dos tipos: un trozo de pepino o una uva. Todos los monos consideraban la uva como el mejor de los dos premios.

No había problema si ambos monos entregaban la piedra y a cambio recibían un trozo de pepino. Pero si un mono recibía una uva y el otro un trozo de pepino, el que recibía el pepino lo arrojaba de vuelta al observador. La *envidia* se hizo presente con su fea cara. El vídeo del experimento narrado por el Dr. Frans de Waal de la Universidad de Emory resulta divertido. Todo muy humano. Los investigadores concluyen que reconocer una situación injusta y reaccionar fuertemente hacia ella puede ser crucial para mantener las relaciones en sociedades cooperativas como las de los capuchinos y de los humanos.

> "En una especie cooperativa, ser capaz de distinguir cuando uno está siendo tratado de manera injusta es muy útil para determinar si se debe continuar cooperando con un compañero".

> "Este trabajo resulta familiar para mucha gente, porque creo que todos hemos tenido esas experiencias en las que algo parece lo suficientemente bueno hasta que descubrimos que alguien tenía un salario más alto o un mejor paquete inicial de beneficios", agregó Brosnan. (Jeanna Bryner, citando a Sarah Brosnan. *Live Science*, 12 de nov. 2007. www.emory.edu/LIVING_LINKS/ LL_2009/inequitypress1.html)

Las leyes de igualdad de oportunidades y de trato igualitario surgen de esta misma tendencia innata hacia la justicia como el *juez supremo*. ¿Alguna vez ha escuchado a un abogado argumentar que la injusticia no importa? ¿Alguna vez ha sentido envidia del favorito del profesor? ¿Y qué hay del favorito del jefe si no es usted? ¿Quién recibe los proyectos más destacados para trabajar en ellos? ¿Quién recibe los más pesados? ¿Quién recibe un salario mayor por hacer el mismo trabajo que los demás?

Estas situaciones son comunes y a menudo los colaboradores no tienen más opción que aceptarlas. Pero la historia no termina ahí. La injusticia se recuerda. Existe una necesidad persistente de rectificar la desigualdad. La injusticia influye en la cooperación y en el desempeño laboral. Cuando hay múltiples desigualdades, se desarrollan fuertes resentimientos. Instintivamente somos menos solidarios con aquellos que nos han perjudicado. Viene desde hace mucho tiempo. No cambiará. Está en nuestro ADN. La gerencia debe actuar con justicia o cosechará números rojos.

El altruismo es un paso más allá de la justicia porque conlleva un costo para quien lo muestra. ¿Qué pasaría si el observador en el experimento del mono capuchino tuviera solo una uva y un trozo de pepino para los dos monos? Si el observador tomara una uva de su propio almuerzo para hacer sentir mejor al mono agraviado, eso sería altruista. Muchos estudios muestran que los seres humanos prefieren parejas sentimentales que sean altruistas.

"En la Universidad de Emory se realizaron experimentos conductuales adicionales utilizando chimpancés como sujetos, para ver si el altruismo es innato en otros primates. En estos experimentos simplificados, dos chimpancés fueron colocados en espacios contiguos pero separados por una pantalla transparente para que pudieran verse mutuamente. Un recipiente que contenía fichas de dos colores estaba disponible solo para un chimpancé. Una ficha de determinado color podía ser intercambiada por recompensas para ambos chimpancés. Esta opción se llamó la opción sociable - la altruista. La ficha del otro color podría ser intercambiada por una recompensa solo para el chimpancé que tenía las fichas - la opción egoísta. La recompensa era un trozo de banano envuelto en papel. El papel hacía ruido crujiente al retirarlo, lo que les permitía a los chimpancés saber que otro estaba beneficiándose de su acción". (https://www.livescience. com/15451-chimps-humanlike-altruism.html)

El estudio utilizó siete chimpancés, hembras adultas, colocadas entre los diversos pares. Los investigadores observaron que todos los chimpancés mostraban una preferencia por la opción altruista (sociable). "Para mí, el hallazgo más importante es que los chimpancés, al igual que nosotros, toman en cuenta las necesidades y deseos de otros" expresó la investigadora Victoria Horner, psicóloga comparativa de la Universidad de Emory a *LiveScience*.

El Dr. Frans de Waal agregó: "entonces se puede descartar la idea que los chimpancés son indiferentes al bienestar de otros".

"Los chimpancés eran particularmente altruistas hacia sus compañeros que esperaban pacientemente o hacían amables recordatorios de su presencia, llamando la atención hacia sí mismos. Eran menos propensos a recompensar a los compañeros que ejercían presión haciendo un escándalo, suplicando persistentemente o escupiéndoles agua... Para las parejas fue mucho más productivo el estar tranquilos y hacer notar su presencia de vez en cuando de manera sutil a quienes seleccionaban las fichas de colores". (https://www.livescience.com/15451-chimps-humanlike-altruism.html)

Por lo tanto, los chimpancés son sensibles al hecho de que un individuo merece o no, una recompensa. Los chimpancés, al igual que los humanos, evitan a aquellos que exigen fastidiosamente. Horner añade:

"Esto es interesante porque ha prevalecido la opinión de que los chimpancés solamente comparten comida bajo presión. Nuestros resultados sugieren lo contrario: los chimpancés comparten cuando no hay presión o la hay poca, pero la presión directa o las amenazas reducen el deseo de compartir debido, posiblemente, a emociones negativas. Nuestros resultados son sutilmente diferentes. Cuando se proporciona asistencia, se convierte en una prueba entre hacer algo o no hacer nada. En nuestro estudio, los chimpancés tienen tres opciones - pueden permanecer sin hacer nada, pueden ser sociables o pueden ser egoístas".

Los investigadores afirman que estos hallazgos, junto con los de otros estudios, demuestran que muchas especies de primates tienen tendencias similares y que el altruismo tiene orígenes genéticos más profundos de lo que se pensaba anteriormente.[*] (https://www.livescience.com/15451-chimps-humanlike-altruism.html)

Otro estudio destacado involucra a chimpancés que interactúan con humanos que tienen una necesidad. Si muestran un comportamiento sociable hacia los humanos, entonces el comportamiento se generaliza: por lo tanto, está firmemente arraigado en su psique, no es únicamente un fenómeno cultural del clan en la naturaleza. Los investigadores estudiaron a treinta y seis chimpancés, nacidos en libertad, pero alojados en el Santuario de Chimpancés de la Isla Ngamba en Uganda:

> "Cada chimpancé fue puesto en una posición que le permitía observar a una persona desconocida que intentaba, sin éxito, alcanzar un palo de madera que estaba al alcance del chimpancé. El humano había intentado alcanzar el palo con anterioridad, con ello indicaba que era valioso. Los investigadores observaron que los chimpancés a menudo entregaban el palo, incluso si tenían que trepar dos metros y medio fuera de su camino para obtenerlo y aunque no recibieran recompensa. Los investigadores obtuvieron resultados similares con treinta y seis bebés humanos de tan solo 18 meses de edad".

> "Los chimpancés ayudan a los desconocidos a pesar del costo individual y sin una recompensa, un

---

[*] Horner y de Waal también publicaron sus hallazgos en línea el 8 de agosto, 2010 en *Proceedings of the National Academy of Sciences*.

comportamiento que hasta ahora se pensaba era exclusivo de los humanos. Los científicos asumen que el altruismo se desarrolló para ayudar a aquellos que tienen el deseo y la capacidad de devolver el favor - para ayudar a los semejantes o ayudarse a sí mismo. Los humanos rara vez ayudan a desconocidos cuando no hay un beneficio propio aparente y a menudo a un costo elevado". https://www.livescience.com/4515-selfless-chimps-shed-light-evolution-altruism.html

Felix Warneken del Instituto Max Planck de Antropología Evolutiva lo resume de la siguiente manera:

"Hay una predisposición biológica a las tendencias altruistas que compartimos con nuestro ancestro común y la cultura cultiva, en lugar de implantar, las raíces del altruismo en la psique humana, desde las formas más primitivas hasta las más desarrolladas". (http://www.livescience.com/4515-selfless-chimps-shed-light-evolution-altruism.html)

Varios estudios sobre la unión temporoparietal del cerebro (TPJ, por sus siglas en inglés para temporoparietal junction) muestran que el comportamiento altruista tiene un origen biológico. Un estudio encontró una fuerte conexión entre el tamaño de la TPJ de los sujetos y su disposición a actuar de manera desinteresada. Cuanto más grande es la TPJ, más probable es que los sujetos se comporten de manera altruista. Un estudio incluyó a treinta adultos "normales" y saludables como participantes en una serie de juegos en los que podían aumentar o disminuir la recompensa monetaria de su compañero. Mientras los sujetos participaban, observando y tomando decisiones en momentos específicos, se monitorearon sus TPJ por imagen de resonancia magnética MRI funcional (MRI, por sus siglas en inglés para magnetic resonance imaging). La MRI mide los niveles de oxígeno en la sangre del sitio donde está ocurriendo la actividad nerviosa. El costo para los sujetos de ayudar a su compañero (quien era anónimo) cambiaba en cada prueba. La actividad neural de la TPJ se activó fuertemente cuando los participantes enfrentaron una elección difícil: actuar de manera altruista, pero a un costo personal elevado.

En otro estudio se les informó a los sujetos de investigación que se iba a retirar dinero de su cuenta bancaria para donarlo a organizaciones benéficas. Los sujetos también podían hacer la donación de forma voluntaria. Se monitorizó la actividad cerebral durante ambas situaciones. Cuando los sujetos no tenían opción de dar o de retener el dinero para las organizaciones benéficas, las áreas TPJ aún se iluminaban en las imágenes de resonancia magnética funcional debido al placer de dar. Si la donación era voluntaria, la actividad cerebral se iluminaba con mayor intensidad y los sentimientos placenteros eran más elevados.[*]

Por lo tanto, es normal que el *Homo sapiens* espere justicia. Aquellos que nos hacen más felices con su bondad de sacrificio también se hacen felices a sí mismos. ¿Quién no querría trabajar en un entorno con un jefe justo y desinteresado? Vamos a descubrir cómo estas cualidades influyen en el compromiso. También vamos a analizar entornos dirigidos por personas apáticas. Nadie es feliz allí, ni siquiera los egoístas. Sus áreas TPJ no se iluminan por el altruismo, simplemente no existe.

Las Sustancias Químicas Inteligentes

Echemos un vistazo dentro de un cerebro comprometido…
Cuando las personas están apasionadas por su trabajo,
buscan nuevos desafíos, nuevos aprendizajes, cualquier
cosa que les permita hacer lo que hacen de manera más
efectiva. Mientras todo esto sucede, se libera dopamina.

---

[*] Los lectores pueden revisar los siguientes estudios publicados en línea: http://www.brainhealthandpuzzles.com/brain_effects_of_altruism.html

http://www.huffingtonpost.com/2012/07/19/altriusm-brain-temporoparietal-junction_n_1679766.html

http://www.psmag.com/culture-society/scientists-locate-brains-altruism-center-43356/

La dopamina es la sustancia química del placer y la recompensa, también es la responsable de crear nuevas vías de aprendizaje.

Ahora, imaginemos que alguien reconoce sus esfuerzos, quizás una nota escrita a mano de su jefe o un colega que dice: *"¡Bien hecho!"* o *"Gracias por su ayuda en ese proyecto"*. El cerebro libera una dosis de serotonina. La serotonina es otra sustancia química que produce sensaciones de *bienestar* y estimula al *cerebro pensante* y es en gran parte, responsable del bienestar emocional general.

Según la Encuesta de Satisfacción Laboral de SHRM (siglas en inglés para Sociedad para la Gestión de Recursos Humanos) de 2017, entre los factores más importantes que contribuyen a la satisfacción laboral, tres son emocionales: el trato respetuoso, la confianza y sentirse valorado como miembro del equipo. Estos factores emocionales - cuando están presentes - liberan oxitocina. La oxitocina se libera cuando tenemos la sensación de estar conectados, tenemos sentido de pertenencia, seguridad y aceptación. Debido a que estamos programados para relacionarnos con los demás, la oxitocina es esencial para la seguridad emocional. Las tres sustancias químicas, la oxitocina, serotonina y dopamina estimulan la actividad en la corteza prefrontal o el cerebro pensante. Esta es la parte del cerebro que hace el trabajo pesado en la planificación, resolución de problemas, toma de decisiones, control de impulsos y creatividad.

La sustancia química del *estrés* (fondo musical ominoso): El cerebro se preocupa principalmente por la seguridad - no solo física sino también emocional. Para sobrevivir, cuando hay cualquier tipo de amenaza y miedo, el cerebro se enfocará en la seguridad y la supervivencia y evitará cualquier aprendizaje nuevo. Para el cerebro el estrés relacionado con el trabajo es una amenaza.

Cuando experimentamos estrés laboral, los recursos que podrían usarse para el aprendizaje se desvían a la parte del cerebro que se preocupa por la supervivencia. Al primer signo de peligro, se libera cortisol y se activa el cerebro de supervivencia. Debido a que el cerebro es increíblemente eficiente, apaga la producción de todas las sustancias químicas positivas y detiene el cerebro pensante para lidiar con la amenaza en el cerebro de supervivencia.

Los neurocientíficos han descubierto que el *dolor social* o el dolor emocional activa las mismas regiones cerebrales que el dolor físico. Los investigadores descubrieron que al presenciar el dolor social de otra persona también se activa una respuesta de dolor físico en el espectador. Las personas en el lugar de trabajo literalmente se entrelazan con el sentido de identidad de otros, a nivel neuronal. La respuesta del colega, al miedo o amenaza se convierte en propia y viceversa. El contagio emocional es poderoso. Numerosas encuestas indican que el estrés laboral es un problema generalizado. ¡Y todo ese estrés está dejando en suspenso a muchos *cerebros pensantes*!

Melissa Hughes, PhD, 2020: https://info.melissahughes.rocks/ neuronugget/inside-the-brains-of-engaged-employees-1

5

MOTIVADOR EXCEPCIONAL: TRABAJO INTERNO

"La mayoría de las personas está lejos de alcanzar su potencial creativo, en parte porque trabaja en entornos que obstaculizan la motivación intrínseca".

TERESA AMABILE

Dato de interés: Las personas no comprometidas o desinteresadas reciben el mismo salario que las personas comprometidas. No tienen una motivación económica para estar comprometidas.

Pero... ¡ESPERE UN MOMENTO! ES normal hacer un esfuerzo adicional *sin* recibir un *pago adicional*. Así como ir al gimnasio, hacer crucigramas, pintar cuadros, construir cosas o trabajar en nuestros jardines. Lo hacemos porque *queremos* hacerlo. Nos impulsan el gusto, el desafío, el logro, la competencia y el orgullo. Las recompensas son diferentes en su naturaleza. La satisfacción por un incremento de salario es transitoria. Aliviar la miseria de alguien, lograr una meta desafiante o crear algo hermoso, produce satisfacción duradera. El autoconcepto y la autoestima aumentan. Disfrutamos esos sentimientos agradables.

Ese es el mundo de los intangibles intrínsecos. Por más elusivos que sean al intentar medirlos, su poder impulsor en la productividad supera con creces a los tangibles. Sin embargo, de los dieciocho beneficios enumerados en la tabla del capítulo 2, solo tres necesidades intrínsecas se satisfacen parcialmente: las opciones de "horario flexible" y "trabajar desde casa" que otorgan cierta autonomía, un motivador intrínseco. La "promoción interna" respalda otra, avanzar.

> *Dato de interés: La máquina expendedora de golosinas corporativa tiene una moneda atascada. Seis de ocho motivadores intrínsecos siguen sin ser atendidos; la máquina necesita una buena sacudida.*

Los lectores aprenderán sobre los ocho motivadores extrínsecos y los ocho motivadores intrínsecos del trabajo (*El Smart16*). Pero, resumamos los hallazgos importantes que hemos visto hasta ahora. Las métricas y el análisis deben apuntar hacia las causas y efectos. Nótese que estos hallazgos son similares a los modelos de Maslow, McGregor y Herzberg. Sin embargo, los académicos mencionados no conectaron los puntos con las ganancias reales -los efectos. Nuestro enfoque aquí incluye cálculos que muestran la causa directa entre intangibles específicos y las ganancias - hasta el último céntimo (si los lectores lo pueden imaginar). Entonces, repasemos lo que sabemos hasta ahora e incluyamos algunas otras cosas que pronto aprenderemos.

1. La gerencia se centra en los motivadores extrínsecos. No existe correlación significativa entre la satisfacción extrínseca y el compromiso. Los motivadores extrínsecos pueden retardar el desempeño. Su rango de efectividad es finito. Por el contrario, hay una correlación fuerte entre la satisfacción intrínseca y el compromiso.

2. Los motivadores extrínsecos nos hacen trabajar para satisfacer nuestras necesidades básicas. Cuando se satisfacen, dejamos de quejarnos, pero no nos brindan satisfacción laboral. (Frederick Herzberg lo definió con precisión).

3. Los motivadores intrínsecos son los motivos intangibles para hacer un esfuerzo extra. El placer, el desafío, el propósito, el logro, el orgullo, el reconocimiento, el estatus y la consecución de los objetivos de vida nos impulsan. El resultado, en la búsqueda de estos a través de nuestro trabajo, es mucho mayor.

4. Cuando nuestras tareas coinciden con nuestros intereses y requieren de nuestras habilidades, los motivadores intrínsecos se activan. ¡Son una mina de oro! Los motivadores extrínsecos no pueden desencadenar la creatividad. La falta de maximización de los motivadores intrínsecos demuestra que no se ha hecho suficiente esfuerzo en el análisis de las prioridades estratégicas de las personas.

5. Los ejecutivos no definen cómo sus gerentes manejan las necesidades laborales de sus equipos de trabajo. Este simple hecho sacrifica el control del compromiso.

Si usted es parte de la alta dirección, entonces sabe que desde el año 1850 las decisiones de los ejecutivos no han logrado el compromiso de las fuerzas laborales. También sabe que eso ha provocado una pérdida de ganancias. Sabe que la mayoría de sus gerentes no hace un esfuerzo adicional para satisfacer las necesidades de los colaboradores en su equipo de trabajo. Ahora sabe que la falta de esfuerzo discrecional del colaborador se debe a esta actitud endémica.

Somos una especie con las mismas necesidades laborales.

Dato de interés: Ahora sabemos lo que nos motiva, la satisfacción de las necesidades intrínsecas. No logramos motivar a otros porque no les ofrecimos lo que buscábamos.

La falta de acción en la satisfacción de las necesidades laborales y sus satisfactores mantiene fuera del alcance a la ganancia financiera. El "Gerente de la Milla Extra" obvia razones y excusas para los colaboradores con falta de compromiso. Sabiendo esto, los Lectores pueden desarrollar personas motivadas que emanen tinta negra. Se ha comprobado que la evaluación y el desarrollo del *comportamiento de la milla extra gerencial,* es la única estrategia de productividad humana que genera retorno de inversión (ROI).

Mi Experiencia como Colaborador

Dejar un buen trabajo (que disfrutaba mucho) fue algo difícil. Fui controlador de inventario durante tres años y medio en Toyota Sudáfrica, en la planta de ensamblaje en *Prospection*, al sur de Durban. No debería haber llegado a este punto.

Una reestructura del departamento me dejó con un nuevo jefe, recién llegado a la empresa. Yo no estaba contento. Tenía mucho aprecio por mi jefe anterior, era justo y considerado. Durante los dos meses siguientes, todo lo que hice fue capacitar a mi nuevo jefe en lo que estábamos haciendo y cómo lo hacíamos. Después de eso, el CFO le asignó una tarea que no podía manejar: preparar un informe contable del rechazo de piezas para motor, de manera que se pudiera facturar a Japón la mano de obra desperdiciada y adquirir piezas de repuesto.

La gerencia y el personal de la planta de motores trabajaban bajo mucha presión para mantener las líneas de ensamblaje en funcionamiento. Hacer un seguimiento de las piezas defectuosas no estaba en la lista de prioridades de nadie. La gente estaba demasiado estresada para preocuparse. Cientos de piezas estaban esparcidas junto a las paredes, desordenadas y sin identificación. En el departamento de reparaciones también había piezas defectuosas para verificación y corrección de daños menores. Ninguna persona disponible tenía idea qué contar de qué, ni cómo estimar el costo de la mano de obra desperdiciada en los motores y piezas que fallaron en las pruebas de estrés.

Los gerentes de la planta de motores persiguieron a mi nuevo jefe para sacarlo de allí, así que él me envió a mí. Yo conocía la situación. Él esperaba que yo hiciera un gráfico con números de piezas, descripciones y cantidades sin la ayuda de ingenieros o técnicos. Simplemente necesitaba a alguien a quien culpar por lo que él no podía hacer. Sabía el resultado antes de llegar a la planta. El simple hecho de verme hablar con alguien hizo que uno de los gerentes se dirigiera directamente hacia mí. La persona con quien estaba hablando huyó.

Le reporté el incidente a mi nuevo jefe y su respuesta fue:

"Veo que ha logrado poner a la planta de motores en contra del departamento de suministros, ¡¿y me está diciendo que no puede llevar a cabo una simple instrucción?! ¿Por qué cree que lo necesitamos?"

No había nada bueno en la situación así que no podía salir nada bueno de allí. Muy disgustado, fui con su jefe quien dijo que hablaría con él. No importaría. El hombre carecía de integridad y no era digno de respeto. Yo había estado trabajando con motivadores intrínsecos durante más de tres años. De inmediato llegué al fondo de la pirámide de Maslow. Con una esposa y tres hijos que dependían de mí y ahora sin empleo, tenía que aceptar esa experiencia y recuperarme lo más pronto posible. Decirlo era fácil.

6

SOBREVIVIR O PROSPERAR

*"Todos los hombres buscan gobernar, pero si
no pueden gobernar, prefieren ser iguales".*

BRIAN KLAAS

LA NECESIDAD DE IGUALDAD NIVELA el campo de juego en el trabajo. Entonces, ¿está pensando que es hora de definir estas necesidades laborales? Lo ha entendido bien. Gracias por su atención mientras preparamos el escenario para ello.

La gestión administrativa no tiene que ser perfecta (afortunadamente). Los colaboradores no lo son. La percepción del jefe mejora cuando las necesidades laborales son satisfechas, por lo menos, durante un 80 % del tiempo. Con esa métrica, el equipo siente que el líder está dando la milla extra por ellos. Los adversarios de los colaboradores son jefes que únicamente están preocupados por su propia agenda. ¿Algún nombre o rostro viene a la mente? Algunas veces es el que se refleja en nuestro espejo. Si es así, anímese – 80 % está a nuestro alcance.

*Dato de interés: Si nuestro equipo lo necesita para funcionar
y estamos en capacidad de darlo, pero no lo hacemos, entonces
somos disfuncionales.*

Precisamente, ¿qué es lo que el personal (todos nosotros) necesita y desea? La necesidad de sobrevivir y el deseo de prosperar. Para sobrevivir se requiere aire, agua y alimento. También necesitamos protección del exterior y de animales hostiles (incluyendo el *Homo sapiens*). Para satisfacer esas necesidades se requiere de recursos externos, por lo que las llamamos necesidades extrínsecas (tabla a la izquierda).

MOTIVADORES EXTRÍNSECOS: Necesito …
1. Recibir un trato justo y equitativo con otros.
2. Ser aceptado en mi grupo.
3. Tener las herramientas, recursos, información e instrucciones necesarias para hacer mi trabajo.
4. Que confíen en que haré un buen trabajo.
5. Saber, en todo momento, lo que mi jefe espera de mí.
6. Tener un jefe que me apoya y ayuda a resolver los problemas que me afectan.
7. Tener mi unidad de trabajo o departamento bien organizado.
8. Recibir un buen salario y beneficios, así como una evaluación de desempeño justa.

Los bebés dependen de proveedores externos, inicialmente de los padres, para su cuidado a lo largo de la niñez y adolescencia. La necesidad de ese cuidado continua durante la vida adulta. Así estamos hechos. Las necesidades extrínsecas incluyen un rango de necesidades laborales. En ese momento, los gerentes se convierten en los proveedores. ¡Es hora del espectáculo! El comportamiento macro para satisfacer las necesidades extrínsecas es el apoyo – incluye un repertorio de competencias. Este comportamiento primario con hijos y cónyuges en casa disminuye abruptamente en el trabajo donde los colaboradores no son parte de la familia. En el trabajo, muchas necesidades extrínsecas quedan insatisfechas. Se debe medir y cerrar las brechas. La Encuesta *Smart16* (que será abordada posteriormente) permite hacerlo.

Los motivadores intrínsecos (ver tabla más adelante) se refieren a prosperar. No son de origen biológico ni se basan en la seguridad, sino son psicológicos. Prosperar incluye el desarrollo personal, tener y alcanzar anhelos, utilizar los talentos individuales, alcanzar reconocimiento y escalar a una posición más alta. El comportamiento macro que satisface las necesidades intrínsecas es, por supuesto, el liderazgo, también incluye un repertorio de competencias.

Los líderes propician un mejor ambiente psicológico - más estimulante, satisfactorio, idílico - para sus equipos de trabajo. Establecen retos, dan oportunidades de crecimiento y permiten que se amplíen el rango y magnitud de posibilidades. Lo anterior es la chispa que enciende los motivadores del personal. Esta es la gran oportunidad de inversión diaria de cada gerente.

> *Dato de interés: "Los clientes no vienen primero. Los colaboradores son lo primero. Si usted cuida a sus colaboradores, ellos cuidarán a los clientes".* Richard Branson

MOTIVADORES INTRÍNSECOS: Deseo…
9. Tener un empleo que me resulte interesante, sea retador y utilice mis talentos.
10. Poder desarrollar mis competencias, conocimiento, destrezas y experiencia a través de mi trabajo.
11. Tener la autonomía y autoridad para hacer mi trabajo como mejor lo considero.
12. Saber que mi trabajo está contribuyendo a alcanzar los objetivos organizacionales.
13. Obtener reconocimiento y recompensas por mi desempeño.
14. Tener una buena relación con mis colegas y tener su respeto.
15. Participar en decisiones y que mis sugerencias sean valoradas.
16. Tener la oportunidad de crecer y lograr mi propósito de vida.

Los estudios de los pioneros en el tema, más los hallazgos presentados aquí, condujeron a *Smart16*. Los enunciados 4, 11 y 14, son citados por otros autores, incluyéndome, como motivadores fuertes. Edward Deci y Richard Ryan (Teoría de la Autodeterminación)[*] correlacionaron la satisfacción de estas con las evaluaciones de desempeño del personal. Los enunciados 2, 8, 13 y 16 son similares a las necesidades básicas y avanzadas de Maslow. El enunciado 15 es un motivador similar al de la teoría Y de McGregor. Herzberg clasificaría el enunciado 5 como un factor higiénico y el 9 como

---

[*] *Richard Ryan y Edward Deci,. Self-Determination Theory: Basic Psychological Needs in Motivation, Development and Wellness, (Guilford Press 2016).*

un factor de satisfacción (motivador). Combinamos las necesidades que se asocian de manera cercana, para abreviar.

Las respuestas de más de 10,000 Encuestas *Smart16* de los enunciados 1, 3, 6, 7, 10 y 12 arrojaron 60,000 bits de datos para análisis (330,000 bits de las 33 preguntas de la encuesta). La satisfacción de esas necesidades (en cuatro países o culturas distintas) se correlacionan fuertemente con la disminución de los índices de productividad (capítulo 9).

El balance numérico (extrínseco e intrínseco) es bilateralmente simétrico; un dato curioso, (¿los dos hemisferios cerebrales?) que merece ser estudiado. Por supuesto, los factores de satisfacción provienen únicamente de dos fuentes: de otras personas o la naturaleza del trabajo. Maslow concluyó que las aspiraciones (deseos intrínsecos) surgen cuando se han satisfecho las necesidades (necesidades extrínsecas).

Encontramos que los factores de satisfacción intrínsecos aumentan la productividad individual y del equipo, aunque algunas necesidades extrínsecas permanezcan insatisfechas.

La Experiencia como Colaborador

Al momento de escribir este libro, el ejército de Vladimir Putin ha invadido y está bombardeando Ucrania. Se informa que ha destituido a cinco generales. Según soldados rusos capturados, ellos llegaron para "ejercicios de entrenamiento" y no para matar a civiles ucranianos vecinos. Algunos se volvieron tan aversos a la misión que perforaron agujeros en los tanques de gasolina de sus tanques de guerra o camiones y los abandonaron. Los jefes despiadados, mentirosos y manipuladores cometen costosos errores. Se ignoraron las necesidades de los soldados. Ellos respondieron negativamente con falta de compromiso: ¡sabotaje!

Cuando los líderes son tiránicos, las personas corren grandes riesgos para escapar de ellos o derrocarlos. El camino menos transitado es el de lo no obvio. Aquellos que eligen quedarse en el camino trillado, rechazan una opción más noble. Las métricas les recordarán eso. Las necesidades insatisfechas predicen que dichos gerentes no controlarán los intangibles y las ganancias que estos puedan generar. Parece intuitivo que el 68 % de los colaboradores no está comprometido ya que el 75 % de los motivadores intrínsecos no se satisfacen. En realidad, nuestra condición humana obstaculiza la modificación del comportamiento, pero es un problema que se puede superar. Modificamos nuestro comportamiento cuando estamos genuinamente interesados en cambiarlo. Hemos identificado ese interés. Está incluido en la solución.

Los Lectores que estudiaron química en la escuela secundaria pueden haber aprendido que al arrojar una pieza de sodio o potasio del tamaño de un guisante en un recipiente con agua comienza a chisporrotear y explota dos segundos después. Pero ¿quién puede predecir qué sucederá si dejamos caer al gerente promedio en un nuevo grupo de trabajo? ¿Qué comportamientos del gerente provocarán respuestas positivas en los colaboradores? ¿No deberíamos saberlo?

El "Gerente de la Milla Extra" es nuestra búsqueda de verdades fundamentales, por ejemplo, *el alto nivel de atención que brinda un gerente para garantizar la satisfacción de las necesidades de su equipo es la mejor forma de predecir el desempeño del equipo*. Lo opuesto (en el cual dos tercios del personal no está comprometido) es nuestra pesadilla constante.

En muchos casos, existe una razón intangible más oscura por la cual no se satisfacen las necesidades laborales de los colaboradores. Señalamos a los gerentes que están absortos en sus propias agendas. Para algunos, esa agenda incluye el mal uso de poder. Una vez que un gerente corruptible lo obtiene, las necesidades de los colaboradores no solo pueden ser ignoradas, sino que los mismos colaboradores pueden convertirse en víctimas de comportamientos siniestros.

La Experiencia como Colaborador.

Cuando se mide la psicopatía en la sociedad en general, aproximadamente una de cada quinientas personas obtiene un puntaje por encima del umbral de treinta, considerado como psicopatía. En el estudio de los aspirantes a gerentes corporativos, fue uno de cada veinticinco. Esos resultados podrían ser una excepción, pero ese estudio sugiere que hay alrededor de veinte veces más psicópatas en el liderazgo corporativo que en la población en general. (Otros estudios han sugerido que uno de cada cien son psicópatas, lo que muestra que hay una representación cuatro veces mayor en el liderazgo corporativo). Lo más inquietante es que los siete de nueve sujetos que obtuvieron una puntuación por encima de veinticinco, "dos eran vicepresidentes, dos eran directores, dos eran gerentes o supervisores y uno ocupaba algún otro cargo gerencial".

(Brian Klaas: *Corruptible: Who Gets Power and How It Changes Us*)

¿Quién está en desacuerdo con que se necesita un cambio cuando los colaboradores tiemblan frente a líderes insípidos o autoritarios? Pero cuando se trata de la ética y el carácter de los jefes, nos sentimos incómodos imponiendo estándares para controlarlos. Los códigos de conducta, las leyes de acoso sexual y la legislación de igualdad de empleo controlan el tratamiento prejuicioso, ofensivo e injusto. Mientras los propietarios y sus gerentes no violen dichos códigos y leyes, los dejamos en paz.

¿Pero qué pasa con principios más elevados que afectan los sentimientos y la salud mental, que se ignoran a propósito sin que haya intervención? Un gerente puede desquitarse violentamente con los colaboradores de su departamento hiriendo sentimientos, pero si el departamento vecino no lo escucha ni lo denuncia, la única consecuencia queda enterrada en una estadística de rotación de personal y un matiz rojo en la hoja de balance de la contabilidad. Si los abusadores salen impunes, no tienen reparos en hacer lo que desean a expensas de cualquiera. Eso está atrayendo atención.

7

CAUSALIDAD VERSUS CORRELACIÓN

"Los líderes efectivos que entienden la correlación entre la felicidad, productividad y un nivel de compromiso más elevado, facilitan el movimiento en la dirección correcta y hacen que las personas se sientan bien al respecto".

ENCUESTA: *PARTNERS IN LEADERSHIP*

Pregunto a mis lectores, ¿será posible controlar los insumos relevantes con la ayuda de la correlación estadística entre los insumos intangibles y la ganancia? Probablemente su respuesta sea sí, ¿pero alguna vez ha tenido que depender de ello? En la cita anterior, *los líderes que entienden la correlación* reconocen que existe una relación probable de causa y efecto. Esa afirmación no necesariamente es una probabilidad matemática comprobada. La validez estadística proporciona un nivel más alto de certeza. La necesitamos para que la aplicación en el trabajo de nuestra formación en liderazgo no sea solamente una esperanza. Cualquier empresa que replique las condiciones de nuestros estudios puede predecir y documentar el ROI que proviene de la equidad institucionalizada de la satisfacción de necesidades laborales.

Desde el inicio (con mi nueva asignación de trabajo en Beares), la ruta de validez había sido seleccionada previamente. Para alcanzarla, se debía identificar dos variables: las necesidades laborales y el comportamiento gerencial que las satisfacen. ¿Por qué las necesidades laborales? Estas se relacionan con la motivación. La búsqueda por satisfacer necesidades y deseos impulsa el comportamiento. El siguiente paso fue correlacionar la satisfacción de las necesidades laborales con mayor productividad. Por supuesto, mayor productividad correlaciona 1:1 con mayor ganancia. Elevar los niveles de satisfacción depende del cambio en el comportamiento de los gerentes. Eso depende de la medición, retroalimentación, rendición de cuentas y capacitación. Para completar el proceso de validez para el ROI se debía comprobar la tesis que se presenta a continuación. Esto requería estados financieros auditados de tres años consecutivos a partir de la implementación de las herramientas - punto de inicio del estudio:

> Tesis: El incremento de la productividad humana a lo largo del tiempo, reducirá la relación entre los costos de nómina y los ingresos. Eso aumentará las ganancias. La productividad aumentará cuando las necesidades laborales sean ampliamente satisfechas. Las necesidades laborales serán satisfechas cuando los gerentes deban rendir cuentas y estén capacitados para satisfacerlas.

La relación entre los costos de nómina y los ingresos disminuirá cuando se produzca más con el mismo número de personas; o si se logran los mismos ingresos con menos personas al no ser necesario reemplazar al personal que se retira. No implica un recorte de personal. Los ingresos aumentan cuando los departamentos de ventas y de apoyo son más productivos gracias a las necesidades laborales satisfechas.

Imagino que los Lectores se están preguntando: *¿en qué nivel de probabilidad matemática se puede confiar?* El estadístico mínimo que atribuimos como causal fue $r = 0.70$. El mayor valor de r alcanzado en un estudio fue de 0.86. En términos simples, el valor más bajo de r (0.70) significa que hay 70 % de probabilidad que la variable independiente (VI) haya sido la causa de la variable dependiente (VD); solo un

30 % de probabilidad que no lo haya sido. Una diferencia del 40 % es un fuerte indicador de causa. Con un valor de r = 0.86, solo hay un 14 % de probabilidad de que la VI no haya causado la VD. El punto medio entre estos dos estadísticos es r = 0.78, únicamente 22 % de probabilidad que la VI evaluada no haya cambiado la VD. Las variables independientes que no son estadísticamente significativas explican las brechas entre 1:1 y 1:0.70 y entre 1:1 y 1:0.86.

El nivel de confiabilidad es esencial en la formulación de proyecciones financieras y estrategias de productividad humana basadas en evidencia. Las variables objetivo siempre son el incremento en la satisfacción de necesidades versus la disminución de los índices de productividad. Si bien estos resultados son significativos por sí solos, se ven amplificados por el impacto del cambio de proceder del personal de alta dirección en el comportamiento de los colaboradores quienes les reportan directamente. Obtenemos nuestras métricas de una encuesta de satisfacción de necesidades laborales que ha respondido el personal evaluando a su gerente inmediato. Sin embargo, a veces los resultados fueron sesgados porque los gerentes influyeron al personal en cómo responderla. El puntaje de la satisfacción de necesidades era alto pero el índice de productividad no disminuía predeciblemente. La empresa asociada en la investigación reemplazó a los gerentes mencionados. Con los nuevos gerentes, al siguiente año, los puntajes mostraron disminución en los índices de productividad de los departamentos.

Debido a que el cambio de comportamiento es gradual, los estudios necesitan tiempo suficiente para que dicho cambio de comportamiento sea evidente en las estadísticas. El ROI alcanzará su máximo después de tres años consecutivos de satisfacción laboral institucionalizada. Los programas adquiridos con proveedores que no verifican estadísticamente el ROI, tienen buenas intenciones, pero son especulativos. Entonces, ¿cómo se han tomado las decisiones de inversión de capital para la formación del personal del área gerencial o de liderazgo?

Los proveedores presentan en su lista de clientes a las empresas destacadas que han adquirido sus programas. Citan evidencia abrumadora de las evaluaciones de los participantes sobre lo bien recibida que fue la capacitación. Citan testimoniales de los participantes directos en la capacitación y de los responsables de la toma de decisión en la empresa, sobre los efectos positivos percibidos del programa. La inferencia es *todas estas personas no pueden estar equivocadas*. En esencia, la *evidencia* es en gran medida anecdótica.

Cuando compramos una máquina con valor de varios millones de dólares para aumentar la productividad, la evidencia de esa decisión es *prima facie*. Los compradores anteriores han documentado evidencia de productividad antes y después de la compra. La inversión de capital necesita evidencia justificada; de lo contrario, estaríamos apostando el capital.

Con un 68 % de trabajadores no comprometidos en los Estados Unidos de América (vamos a descartar la información del resto del mundo) previo a la compra o renovación de los programas para atacar el problema de la falta de compromiso, resulta importante contrastar la Empresa A con la Empresa B.

Empresa A: Sin Equidad de Necesidades

Esta empresa no controla cómo sus gerentes dirigen a los colaboradores. Las empresas son vulnerables a intangibles negativos debido a la falta de instrumentos validados que aumentan la productividad y las ganancias a través de la igualdad en las necesidades. Los comportamientos aleatorios incluyen muchos que erosionan las ganancias al aumentar los costos. Dichos comportamientos se correlacionan con un compromiso reducido e índices de productividad elevados. Características de la empresa A:

- Los descriptores de puesto de trabajo de los gerentes no incluyen el requisito de satisfacción de las necesidades laborales.
- A los gerentes puede no preocuparles lo que su equipo de trabajo piense de ellos.
- El comportamiento ofensivo y descontrolado de los gerentes puede exhibirse sin consecuencias.

- La dirección no permite que los colaboradores evalúen el comportamiento de los gerentes hacia ellos.
- Los gerentes tienen favoritismo y descuidan al resto del personal.
- Los colaboradores tienen pocas opciones para enfrentar la injusticia, el maltrato, la apatía y la discriminación.
- Los gerentes pueden dirigir utilizando el miedo o la amenaza, ignorar en gran medida al personal o mediante el *micromanagement* (se caracteriza por una supervisión excesiva e innecesaria).
- Las necesidades de herramientas, información, instrucción, orientación y apoyo al personal pueden permanecer insatisfechas.
- Los gerentes pueden omitir la retroalimentación del trabajo al personal, no capacitarlo, ni reconocer su contribución al equipo de trabajo.
- La rotación de personal, la falta de compromiso y de armonía se toleran o pasan desapercibidas y no se miden.
- No se monitorea estadísticamente la productividad humana debida a fuentes intangibles (nómina ÷ ingresos).

Dichas condiciones provocan brechas enormes entre lo que los colaboradores *quieren* y lo que tienen. Estas brechas disgustan a los colaboradores, provocan falta de compromiso y rotación. El comportamiento normal en muchas empresas es tolerarlas, pero esto incrementa los costos de mano de obra y reduce la ganancia (evidencia del problema). El personal no tiene una voz suficientemente fuerte como para provocar un cambio. A los gerentes se les deja pasar comportamientos negativos hacia los colaboradores. Las necesidades laborales insatisfechas no son del interés de la alta gerencia.

Empresa B: Con Equidad de Necesidades

La empresa controla cómo los gerentes dirigen a los colaboradores. Opera bajo un programa validado que aumenta la productividad y las ganancias a través intangibles positivos (liderazgo y apoyo a través de la satisfacción de las necesidades laborales). Hay desarrollo y aplicación del comportamiento estratégico. Se restringe el comportamiento aleatorio. El comportamiento positivo se correlaciona con un elevado compromiso e índices de productividad bajos. Características de la empresa B:

- Los descriptores de puesto de trabajo de los gerentes requieren por lo menos un 80 % de satisfacción de las necesidades laborales del personal a su cargo.
- Los gerentes están interesados en lo que su equipo de trabajo piensa de ellos. Las métricas incentivan el cuidado del personal.
- Los colaboradores evalúan periódicamente el trato que reciben de los gerentes.
- El personal puede reportar la injusticia, el maltrato, la apatía y la discriminación a través de la herramienta de la Encuesta.
- Se evidencia a los gerentes que incitan al miedo, amenazan, ignoran al personal o utilizan el *micromanagement.*
- Se satisfacen las necesidades de herramientas, información, instrucción, orientación y apoyo al personal.
- Los gerentes enriquecen el trabajo mediante la retroalimentación a los colaboradores, los capacitan y, reconocen su contribución al equipo de trabajo.
- Medición de la rotación de personal, falta de compromiso y del conflicto. Se aplican estrategias de mejora.
- Monitoreo de los índices de productividad de cada departamento como una práctica institucionalizada.

Estos comportamientos y estrategias reducen o eliminan las brechas entre *lo que se quiere y lo que se tiene*, logrando la aprobación de los colaboradores, aumentando el compromiso y reduciendo la rotación. Aumentar la intensidad y la frecuencia de los comportamientos positivos reduce los costos laborales y aumenta las ganancias (evidencia de solución). La alta dirección escucha a los colaboradores y se genera cambio. A ningún gerente se le permite la desigualdad en la satisfacción de las necesidades de los colaboradores a su cargo.

Los Lectores que opten por reemplazar comportamientos aleatorios negativos por comportamientos estratégicos estarán haciendo el trabajo para el cual fueron contratados - apoyar al personal y aumentar las ganancias de sus departamentos. Al enfrentar el problema de validez, estamos en una posición más sólida para asesorar sobre herramientas y estrategias de desarrollo. Todos sabemos el efecto que queremos lograr. El uso de herramientas validadas lo hace posible. La experiencia del colaborador en el pasado no tiene por qué ser la experiencia del colaborador en el futuro. La experiencia laboral futura es crucial desde el punto de vista financiero. La productividad aumenta cuando el trabajo que realiza el colaborador es satisfactorio. Es simple: el colaborador informa cuáles son las brechas en las necesidades laborales a través de la Encuesta *Smart16*. El gerente obtiene estrategias personalizadas para cerrar esas brechas. Aplicarlas es parte de su trabajo. La productividad aumenta.

Los lectores van a descubrir en el capítulo 8 una ley de la naturaleza que nos insta a que tomemos la iniciativa. Cuando hacemos lo correcto desde el *inicio*, la naturaleza muestra su agradecimiento. Lidere y apoye según las necesidades lo requieran. Las estadísticas alentadoras llegan como consecuencia.

8

RECIPROCIDAD: ¿CUÁL ES SU SABOR?

"Dar es mejor que recibir, porque dando es como se inicia el proceso de recibir".

JIM ROHM

LOS MOTIVADORES EXTRÍNSECOS DEBEN SER satisfechos, pero satisfacerlos no impulsa el desempeño. Los motivadores intrínsecos lo hacen. Estos tienen dos aspectos: lo que el trabajo proporciona a los colaboradores (desafío, crecimiento, logro, reconocimiento, sentido de valor y satisfacción); lo que el gerente les da a los colaboradores (atención cuidadosa a los deseos dentro de su área de trabajo). Esta "atención" es la habilidad de liderazgo tabulada en el capítulo 6. El deseo se trata de algo mejor. Los líderes efectivos nos llevan hasta allí.

¿Qué hace que los colaboradores respondan positivamente a la satisfacción de sus necesidades laborales? Los estudios en antropología social dieron la respuesta. Nuestra tarea fue demostrar que funciona en los negocios. Es la…

Ley Social de Reciprocidad

Cuando alguien hace algo bueno por usted, tiene usted una necesidad psicológica fuertemente arraigada de hacer algo bueno a cambio. De hecho, la reciprocidad puede ser un gesto mucho más generoso que la buena acción inicial.

El lenguaje expresa este fenómeno universal. Tiene dos sabores: apoye las necesidades laborales del personal y ellos responderán positivamente. Ignore sus necesidades y responderán negativamente.

RECIPROCIDAD POSITIVA	RECIPROCIDAD NEGATIVA
Me rasca la espalda, yo rascaré la suya	Golpe por golpe.
Ganar - ganar	Cosecha lo que siembra.
Dar y recibir	Lo que da, recibe.
Haga a otros lo que desea que hagan por usted.	Siembre viento y coseche tempestades.
Una mano lava la otra.	Las gallinas tienden a regresar al gallinero.
Devolver el favor	Ganar-perder.
Quid pro quo	Ojo por ojo, diente por diente.

Estos comportamientos existen entre individuos, entre grupos y entre naciones. Muchas especies muestran comportamientos recíprocos. Fomenta la cooperación, la censura o la ruptura de las relaciones. ¿Cuáles son las versiones empresariales que afectan la productividad?

Dato de interés: La falta de compromiso es una resignación mental (en retirada). El desinterés activo es reciprocidad negativa (rencor). El compromiso es la combinación de la reciprocidad positiva y la motivación intrínseca.

En 2004, Krueger y Mas[*] demostraron que hubo un incremento de neumáticos defectuosos en la planta de *Decatur Firestone / Bridgestone* durante los conflictos laborales y de gestión. Los colaboradores hicieron huelga para exigir un mejor trato. Los neumáticos instalados en los vehículos Ford Explorer estaban fallando. Los vuelcos causaron 101 muertes. El personal de reemplazo de los huelguistas también incluyó a miembros del nivel gerencial. La calidad del producto sufrió debido a la inexperiencia de los gerentes con el equipo de producción, además de las relaciones hostiles con el personal de la fábrica. La reciprocidad negativa se hizo pública.

Por otro lado, la reciprocidad positiva debida al trato equitativo es un activo corporativo. Pero esta no ocurre hasta que las empresas la causan. Hasta entonces, la respuesta a las necesidades laborales críticas que son desatendidas se traduce en falta de compromiso o desinterés de 2/3 a 4/5 de la fuerza laboral. Las personas, incluso, pueden responder con reciprocidad negativa o positiva en nombre de otros con quienes se identifican, esto se denomina *reciprocidad indirecta*. Puede haber resistencia de grupos completos hacia la gerencia, como en el caso anterior.

El sabor positivo de la reciprocidad surge después de que las empresas adoptan e institucionalizan la paridad de las necesidades entre la gerencia y los colaboradores. La paridad (equidad) debe ser un valor cultural incluido en las 16 necesidades y deseos presentados en el capítulo 6. Los descriptores de los puestos de trabajo asignan la rendición de cuentas para satisfacerlos. Los programas lo inculcan como política. La sostenibilidad requiere de estas acciones. Los gerentes en diversos niveles administrativos son los iniciadores. La incapacidad para provocar una reciprocidad positiva es una falla en el logro de productividad, un voto a favor del *statu quo* y una pérdida de ganancias.

Muchos de nosotros hemos leído "Nuestra gente es nuestro mayor activo" en la declaración de misión colocada en la pared de entrada de la mayoría de empresas pero no refleja el elevado porcentaje de colaboradores no

[*] https://www.nber.org/papers/w9524

comprometidos. "Damos la milla extra por nuestro mayor activo". Si esto se declara y respalda, mostraría el compromiso de la mayoría de los colaboradores si llegara Gallup, Inc. a tocar la puerta de la empresa para obtener las métricas.

Parece que la reciprocidad negativa no es una gran preocupación para la alta gerencia. No hay un sistema para evitarla. Los ejecutivos pueden no estar contentos con su última encuesta de clima organizacional. Sin embargo, no pueden decir cuál fue su índice de productividad (PI) del mes anterior. ¿Quién puede hacer un cálculo del beneficio adicional que se acumularía si el compromiso laboral fuera del 90 %? Los CFO podrían considerar el *Third Bucket of Profit*™ (Tercer Cubo de Ganancias) como PI. Normalmente, el enfoque no va más allá de los cubos 1 y 2: margen bruto y control de gastos. Sin embargo, sin información sólida para impulsar el cambio, avanzamos como lo hice antes de que el Sr. Rogoff pusiera su dedo sobre el comportamiento y el retorno de inversión (ROI).

> *Dato de interés: Las estadísticas del Departamento de Trabajo de los Estados Unidos de América muestran que la razón principal por la que un trabajador renuncia a su empleo es porque no se siente apreciado.*

Las personas se sienten apreciadas cuando los gerentes les proporcionan lo que necesitan (Intrínseco 13). Para comprender y controlar el PI, modifiqué la fórmula que utiliza el Departamento de Trabajo de la siguiente manera: \$Nómina ÷ \$Ganancias = PI (Índice de Productividad). La productividad de cada unidad de trabajo, departamento y de la corporación se miden por el mismo Índice de Productividad. Con esta fórmula, un Índice de Productividad bajo indica que la ganancia es alta. Una relación menor entre la nómina y los ingresos corresponden a una ganancia mayor.

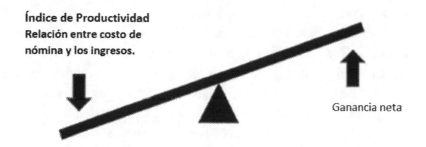

El PI fluctúa con relación al rendimiento de los colaboradores (y de los gerentes). Los ingresos aumentan cuando se obtienen mejores resultados en toda la empresa. El personal existente, cuando está comprometido, aumenta la producción. Si un colaborador se va, es posible que no sea necesario reemplazarlo. Los costos de nómina disminuyen. Las ganancias aumentan.

Los intangibles han sido la pesadilla de los ejecutivos por una razón: en las conversaciones sobre la productividad del personal el último tema que se discute - si es que se discute - es lo que los colaboradores necesitan del jefe y del trabajo. Cometimos ese error en Beares. En ese momento, ese error era universal. La equidad en las necesidades disipa esa costosa negligencia y sus consecuencias negativas.

> *Dato de interés: Si se espera un ROI, se debe distinguir entre las entidades intangibles que generan un retorno y las que no lo generan.*

A medida que se implementa el remedio para que los colaboradores se comprometan con su trabajo, los gerentes deben invertir más tiempo y esfuerzo en ellos. Los colaboradores migran desde estar desinteresados a no comprometidos hasta llegar al compromiso. Los colaboradores sienten el apoyo de sus gerentes. Con el tiempo, la percepción sobre él o ella pasa de ser egocéntrica a ser complaciente y de allí a ser considerado y motivador. La reciprocidad positiva entra en juego. Los activos intangibles aumentan de valor.

La resistencia disminuye. Cuando los jefes piden un "compromiso total" para cumplir con una fecha límite, lo obtienen. Cuando una empresa crea una reciprocidad positiva y sus competidores no lo hacen, esa empresa produce y entrega a un costo más bajo, con una calidad superior y un mejor servicio. La ley social de la reciprocidad, que durante mucho tiempo entregaba el sabor equivocado, ahora funciona en beneficio de la empresa. En la milla extra, las buenas acciones son recompensadas.

Nuestro trabajo con clientes, tanto nacionales como extranjeros, reveló que tres de cada veinte colaboradores son oportunistas incorregibles. Les gusta recibir; dar, no tanto. La ley social de la reciprocidad tiene sanciones para los infractores; pierden el apoyo. La reciprocidad del grupo es negativa. Se siente y tiene su efecto. Los oportunistas buscan y migran hacia ambientes más permisivos.

Dicho esto, es fácil pasar por alto una necesidad laboral, como ha observado el Lector en esta búsqueda. Las manos débiles necesitan bandas de goma más grandes. Los brazos débiles necesitaban que alguien más preparara el café.

Mi Experiencia como Colaborador

A la edad de catorce años, conseguí un trabajo atendiendo clientes en un mostrador de un restaurante en la calle *Glenarm* en el centro de Denver, Colorado. El café se obtenía de una gran cafetera que estaba en la barra trasera. Se podía preparar once litros de la bebida con una libra de café, vertida en un filtro en la parte superior de la cafetera. La resistencia de la cafetera podía calentar los once litros de agua justo por debajo del punto de ebullición. Yo nunca había preparado café. Lo preparaban las meseras adultas o el gerente. Medían el agua, los once litros divididos en tres porciones, y llevaban cada porción hasta la parte superior de la cafetera y la vertían hacia el filtro. Bastante sencillo.

En aquel momento mi estatura era de 1.52 metros, aproximadamente. Las camareras estaban ocupadas y el gerente me pidió que preparara café. Levantar el recipiente con casi tres litros de agua por encima de mi cabeza no fue fácil. Mientras lo levantaba inestablemente hacia la parte superior de la cafetera para verterlo en el filtro, golpeó la parte superior de la cafetera y se derramó el agua caliente sobre mi mano derecha. No pude bajarlo rápidamente para dirigirme al baño. El baño estaba ocupado. Para cuando entré, mi mano estaba ampollada desde los dedos hasta la muñeca.

Tomé un autobús desde el centro de la ciudad hasta la clínica de un médico, situada al este de *Colfax*. El doctor levantó la piel ampollada, luego colocó ungüento y un vendaje. Estuve suspendido durante dos semanas sin pago de salario. Había intentado hacer una tarea, según las instrucciones, que era imposible de hacer sin riesgo. Con el tiempo las cicatrices casi se desvanecieron.

Me viene a la mente una vieja rima infantil:

"Lo hago normal, lo hago despacio, lo haces conmigo y luego te vas".

Como recordarán los lectores, nunca sabemos cuándo puede surgir una necesidad de un colaborador, así como una necesidad de un cliente. En algunos casos, se requiere apoyo inmediato.

¿Está listo para medir el impacto en la productividad al aumentar la frecuencia del comportamiento de liderazgo que activa los motivadores intrínsecos? Manejar las métricas de productividad es una acción importante. Haremos las matemáticas a su ritmo.

9

ÍNDICE DE PRODUCTIVIDAD: EL TERCER CUBO DE GANANCIAS

"Cuatro de cada tres personas tienen problema con las matemáticas".

MENSAJE EN UNA CAMISETA.

EL COMPROMISO NO SE PUEDE controlar si no calculamos la matemática del compromiso. Eso significa cuantificar el impacto financiero exacto de los insumos intangibles. Si están listos, pongámonos el sombrero de contabilidad y empecemos. Aprovecharemos el comportamiento de nuestros gerentes, para su beneficio, y así modificar positivamente los resultados netos de nuestra empresa.

Los ejecutivos que dicen "La productividad es nuestra ventaja competitiva" pero tienen una dolencia financiera provocada por el descontento de los colaboradores, contradicen la evidencia. Si vemos los costos laborales y nos preguntamos: "*¿Qué estamos obteniendo a cambio de nuestro dinero?*" eso es lo que conocemos como la relación entre la nómina y los ingresos. Si esa relación es elevada, la empresa padece de una dolencia. Si es óptima (así como la temperatura corporal de 37 °C) la empresa está saludable.

El índice de productividad mide las consecuencias financieras del ámbito intangible. Conocer y controlar lo que afecta el PI, es una responsabilidad de la milla extra. Quienes no controlan esta métrica saben mucho menos acerca de su negocio de lo que creen. La desorganización de lo no evidente los está destrozando.

Hay dos fórmulas para calcular el índice de productividad. La primera fórmula – la universal – no hace nada para mejorar la salud de la organización a través del compromiso. Se enfoca en el dinero y no en la motivación de los colaboradores que lo producen. Divide los ingresos entre el costo de nómina. Por ejemplo:

$40 millones de ingresos ÷ $9 millones de costo de nómina = $4.44 de los ingresos (por dólar gastado en la nómina).

¿Estará la gerencia planificando estrategias para mejorar el compromiso con $4.44? En lugar de ello, el enfoque de la empresa está en buscar estrategias para aumentar las ganancias, mediante campañas de mercadeo, precios de venta más elevados de los productos y servicios, así como metas de venta más altas. ¿Habrá explicado alguien cómo se consigue el compromiso del equipo de ventas con esas estrategias?

El error perenne es hacer todo excepto convertir al PI en el principal indicador clave de desempeño (KPI). Establecer metas de venta más altas no puede ser la única herramienta de la gerencia. Las metas se impulsan con las comisiones o bonificaciones que finalmente incrementan el costo de la venta. Existen límites superiores e inferiores en la efectividad de estos incentivos. En cambio, el compromiso no tiene desventajas ni costos financieros.

> *Dato de interés: Las estrategias financieras que dependen del desempeño de las personas no pueden omitir lo que las personas necesitan para trabajar.*

La obsesión por los resultados mantiene nuestros ojos vendados. A menos que los insumos cambien, los resultados serán siempre los mismos. Los insumos no cambiarán si la mayoría de los ejecutivos ven la métrica de

$4.44 como algo académico, sin beneficio ni obligación. En ese escenario tan común, el dinero sigue escapándose sigilosamente por las grietas.

Antes de analizar la segunda fórmula del PI - la estratégica - rescatemos algo de valor de ese cociente de $4.44 para obtener un nuevo cociente con el que podamos trabajar:

1. Convierta el $4.44 en decimal. El cálculo es 1 ÷ 4.44 = 0.225
2. Convierta el decimal a porcentaje: elimine el punto decimal y agregue el símbolo de porcentaje (%) para obtener 22.5 %.
3. Defina el porcentaje como una relación de la nómina y los ingresos: La nómina corresponde al 22.5 % de los ingresos.
4. Aplique las estrategias proporcionadas en este libro para reducir esa relación. Cada punto porcentual (1 %) de reducción en la relación agrega un punto porcentual (1 %) de los ingresos a la ganancia. (¡Eso es bastante dinero!)

El punto 4 genera una pregunta: ¿Se puede rastrear el alza y la caída del PI hasta los gerentes de departamento? ¿Para qué reciben ellos el salario más elevado? Para liderar un equipo de trabajo productivo. ¿Y si no lo hacen? Allí es cuando la matemática trabaja para nosotros. La segunda fórmula identifica la inversión exacta de la nómina de cada departamento y de la totalidad de la empresa. Para calcularlo, intercambiamos el dividendo y el divisor:

$$\text{\$9 millones (nómina)} \div \text{\$40 millones (ingresos)}$$
$$= 0.225 \text{ o } 22.5\% \text{ de los ingresos.}$$

El valor insignificante de $4.44 queda fuera del escenario. Al enfocarnos en el 22.5 %, se evidencia que la nómina acapara una porción generosa de los ingresos y deja menos dinero para las ganancias. Los gerentes se pueden enfocar en la cantidad de los ingresos que acapara su departamento reduciendo el monto para la bonificación de los ejecutivos basados en las ganancias. En términos más simples:

- Algunas personas pescan (generan ingresos)
- Otras cortan el cebo (aportan ingresos de apoyo)

- Si cortan menos cebo, disminuye la pesca.
- El ROI de la nómina se cae
- Por el contrario, si cortan más cebo, aumenta la pesca

El último punto significa que disminuye la relación entre la nómina y los ingresos. Mantener los insumos (la preparación del cebo) controlados (según nuestra fórmula de PI) garantiza que la lista de prioridades de todos apoya las ventas mediante equipos comprometidos. La reducción de la nómina de un departamento inyecta tinta negra en el resultado neto. Los ingresos aumentan y los costos laborales disminuyen. ¿Cómo funciona esto en cada departamento?

- Si satisfacemos las necesidades laborales de todos, especialmente las intrínsecas que son las responsables de la motivación y creatividad, ¿habrá una mayor contribución de los colaboradores al objetivo de negocio?
- Si nuestros gerentes de venta lideran y apoyan eficientemente a los equipos de venta en sus necesidades laborales, ¿hará que el equipo incremente el negocio?
- Si nuestros departamentos de mercadeo producen campañas publicitarias más efectivas (cortan más cebo), ¿habrá incremento en las ventas?
- Si mejora nuestro servicio al cliente, ¿lograremos retener a los clientes y ellos a su vez estarán dispuestos a recomendar los productos y servicios de nuestra empresa?
- Si nuestra cadena de abastecimiento es más confiable, ¿se logrará la repetibilidad del negocio mediante la producción y entrega a tiempo?
- Si el departamento financiero satisface las consultas de los clientes de manera profesional y brinda apoyo a los clientes con problemas de flujo de efectivo, ¿ayudará esto a retener a los clientes y a obtener nuevos?

Sin lugar a duda, la motivación, el esfuerzo discrecional, la creatividad, la innovación y la colaboración de los distintos departamentos aumentan a medida que se activan los motivadores intrínsecos de los colaboradores.

Se logra más con menos costo de nómina. Hagamos que el PI sea el KPI más importante; coloca a la gente en primer lugar. El apoyo impulsa la estrategia hacia la ganancia. Vamos a aprender cómo incentivar a los gerentes en el cuidado al personal. La alta gerencia da un paso al frente.

Para fijar esto en nuestra psique, haremos cálculos matemáticos adicionales. Vamos a comparar a la Empresas A y B:

A. Los gerentes de esta empresa continúan tomando decisiones por instinto lo que deja muchas necesidades laborales sin cubrir. Sus ingresos son de $40 millones y la nómina es de $9 millones. El índice de productividad es de 0.225 (el 22.5 % de los ingresos). Supongamos que la empresa ha estado obteniendo una ganancia neta anual del 6 % calculada con el ingreso de $40 millones: eso equivale a $2.4 millones.

B. Los gerentes de esta empresa satisfacen las necesidades laborales de los colaboradores por encima del nivel del 80 %. Los gerentes de departamento aumentaron los ingresos a $50 millones y la nómina se mantuvo en $9 millones. Los costos de nómina bajaron al 18 % de los ingresos. Si la nómina hubiera permanecido en el 22.5 % ($50 millones x 0.225) el monto de la nómina habría sido de $11.25 millones; se logra un ahorro de $2.25 millones gracias a una mayor productividad. Esos ahorros aumentaron las ganancias netas a $4.65 millones, un incremento del 94 % en las ganancias netas con una nómina fija y sin desvinculaciones.

La gráfica siguiente muestra la disminución del índice de productividad de un socio de investigación, desde un punto de referencia de 0.26 al inicio del estudio (2011) hasta el 0.21 al final del estudio en el año 2014. En porcentajes, la nómina se redujo del 26 al 21 % de los ingresos, en tres años.

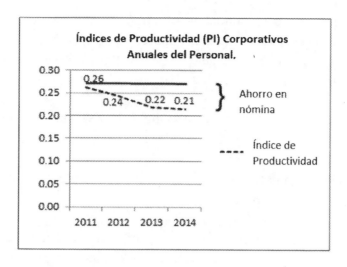

La tabla 10 muestra la nómina proyectada y la real con base en los índices de productividad, ahorros anuales y la ganancia total obtenida a partir de la disminución del índice de productividad mostrada en el gráfico anterior, desde el año 2011 hasta el 2014:

Tabla 10[*]

Año	PI de Referencia	Nómina proyectada	PI real	Nómina real	Ahorros Reales
2012	0.26	$7,510,385	0.24	$6,998,561	$511,824
2013	0.26	$8,740,849	0.22	$7,322,478	$1,418,371
2014	0.26	$9,269,227	0.21	$7,652,209	$1,617,018
TOTALES		$25,520,461		$21,973,248	**$3,547,213**

Crecimiento anual en porcentaje de ganancia neta:

2011: Ganancia neta $1,871,079 ÷ Ingresos $31,184,650 = 6 %

2012: Ganancia neta $2,244,990 ÷ Ingresos $28,886,098 = 7.8 %

2013: Ganancia neta $3,361,865 ÷ Ingresos $33,618,650 = 10 %

2014: Ganancia neta $3,756,071 ÷ Ingresos $35,650,876 = 10.53 %

El % de ganancia neta anual se calcula con base en cuentas auditadas. Los años 2012-2014 con base en el PI del 26 % de ingresos. Para el 2014 el ahorro en nómina (columna 6) había duplicado la ganancia neta del 2011 hasta $3,756,071 = 100 %

[*] Tabla, gráfica y resumen de ganancias obtenidas del estudio realizado en 2015 para el cliente de investigación a partir de sus estados financieros auditados.

Las empresas poco saludables ignoran lo intangible, cosechan reciprocidad negativa y pierden ganancias potenciales. Para los gerentes de la milla extra, el análisis de comportamiento es clave: una causa de alegría, no de tristeza.

Pero si se ignora el PI, la dolencia financiera se vuelve crónica. La respuesta es un "sistema" (conjunto de herramientas utilizado en el estudio anterior) para institucionalizar la satisfacción de las necesidades. El cambio de comportamiento se impulsa mediante la rendición de cuentas y el refuerzo positivo.

Con el Sistema, las empresas controlan los resultados valiosos a partir de insumos intangibles. Observe que el aumento en la satisfacción de las necesidades laborales al incrementar la frecuencia del comportamiento de liderazgo y apoyo produjo una cifra de ganancias "hasta el último céntimo", como se prometió.

> *Dato de interés: El dinero que se paga a un colaborador no comprometido es un costo. Cuando activamos los motivadores que los comprometen, los costos se transforman en inversión con un retorno medible.*

Monitorear y controlar los índices de productividad llena el Tercer Cubo de Ganancias. El margen bruto y el control de gastos (cubos 1 y 2) suelen estar optimizados. El beneficio desaprovechado se encuentra en el cubo 3. Haga los cálculos. De lo contrario, la falta de compromiso y las pérdidas persisten como lo demuestran estas comprobaciones de la realidad.

La Experiencia como Colaborador.

$160,000. Ese es el costo adicional por año, en dólares de los Estados Unidos, debido a la gestión de un solo líder desagradable que se dedica a insultar, a hacer bromas sarcásticas, enviar correos electrónicos mordaces y otros comportamientos hostiles. Además de extraer un costo financiero significativo - como el de programas de manejo de la ira u otra asesoría, resolución de litigios y reorganización de departamentos o equipos - los acosadores en el lugar de trabajo causan daños humanos considerables, provocan que los colaboradores abandonen las organizaciones y aumentan la ansiedad, el estrés y el agotamiento entre quienes permanecen. A medida que ascienden por la escalera corporativa, los ejecutivos sénior corren el riesgo de volverse insensibles e injustos con los demás. (McKinsey & Company, *Leading Off*, 2022).

Tres de cada cuatro trabajadores en los Estados Unidos de América dicen que su jefe es la parte más estresante de su trabajo – 44 % ha sido abusado verbal, emocional o físicamente por un supervisor o jefe en algún momento de su carrera, y el 31 % de los trabajadores dice que su jefe no los aprecia. Suena como un grupo grande de quejumbrosos, ¿no? En realidad, los colaboradores con una gestión deficiente tienen derecho a quejarse - y esta insatisfacción está costando grandes sumas de dinero a las empresas y a la economía estadounidense.

1. La Economía: las malas relaciones laborales entre la gerencia y los colaboradores cuestan a la economía estadounidense $360 mil millones anuales debido a la pérdida de productividad. Días de baja por enfermedades falsas, la dilación debida a la baja motivación y los errores cometidos a propósito debido al resentimiento son resultado de un mal jefe - y esto le cuesta a la economía una gran cantidad de plata.

2. Salud en Riesgo: Alguien que haya tenido un mal jefe sabe que no puede simplemente dejarlo atrás cuando entrega su carta de renuncia. De hecho, a las personas que han tenido que lidiar con un "jefe terrible" les toma 22 meses restaurar sus niveles de estrés hasta un nivel saludable. Así mismo, las personas atrapadas con un jefe horrible son más susceptibles a sufrir de estrés crónico, depresión, ansiedad - y los anteriores incrementan el riesgo de un sistema inmune debilitado, resfriados, derrames e incluso infartos cardíacos. Todos esos días de enfermedad y visitas al

médico, acupunturista, masajista y psicólogo les cuesta a las empresas una gran cantidad de dinero en gastos de salud y días laborales perdidos.

3. Por último, pero no menos importante, un mal jefe provoca gastos muy reales en forma de costos de contratación, pérdida de productividad durante el período de capacitación de colaboradores de nuevo ingreso, y cuando los casos han trascendido - costos por honorarios legales. Una organización calculó el dinero perdido en un año debido a la mala relación de un jefe con los colaboradores y obtuvo el increíble monto de $160,000 – muy por encima del salario gerencial promedio que ofrecen muchas empresas. (https://www.onlinemba.com/blog/true-cost-bad-boss/)

¿De verdad, amigos? Hemos intentado curar la falta de compromiso sin cuidar a las personas.

10

BRECHAS POR DOQUIER

"No hay congestionamiento para recorrer la milla extra".

ROGER STAUBACH.

AÚN DESCONOCEMOS QUIÉN TIENE UNA o más de los 16 motivadores extrínsecos e intrínsecos insatisfechos en un momento determinado. Tampoco sabemos con qué frecuencia se están manifestando esos sentimientos. Así que, los gerentes de la milla extra ponen a trabajar la Encuesta *Smart16*. Mide todas las necesidades y deseos a intervalos. La finalidad es hallar estrategias de satisfacción a las necesidades laborales existentes. El informe de coaching del gerente, generado a partir de la encuesta, proporciona estrategias. Cada una reduce o cierra una brecha.

> *Dato de interés: La alternativa a una herramienta de precisión es cuando todos dan el mejor estimado de quién necesita qué y cuándo.*

Las empresas han estado ignorando esto o improvisando. Sin embargo, pueden obtener un impacto positivo con una herramienta exacta. La encuesta tiene enunciados positivos y negativos similares a este ejemplo negativo:

*Pierdo la perspectiva con cambios no anunciados que afectan
mi desempeño.*

Los Lectores pueden decir, "¿Para qué medir esto? Los cambios
son normales". Esto es verdad, hasta cierto punto. Esta afirmación
difícilmente será medida en las encuestas de otras herramientas, pero
los colaboradores se sienten exasperados con los cambios frecuentes. La
falta de organización o la inexperiencia de la empresa y de sus gerentes,
provocará más cambios que afectan a la fuerza laboral. Las empresas y
sus gerentes que dirigen a prueba y error desestabilizan a la gente. Los
colaboradores perciben rápidamente cuando alguien es un maestro del
cambio. Y, no son neutrales.

En el ejemplo de pérdida de la perspectiva, el colaborador selecciona
en la encuesta una de cuatro opciones: "totalmente de acuerdo", "de
acuerdo", "en desacuerdo" y "totalmente en desacuerdo". La respuesta
más favorable es la "norma". En el caso del ejemplo, es "totalmente en
desacuerdo". Cualquier otra respuesta es una desviación (variación) de
la norma. Las variaciones son brechas en el nivel de satisfacción. La
encuesta mide tres sigmas de desviación. Cuando la medición está en tres
sigmas, la brecha es grande y hay consecuencias negativas importantes.

*Dato de interés: El 68 % de los colaboradores no comprometidos
tiene asegurado el segundo lugar si sus necesidades no
coinciden con las de sus jefes.*

Al seleccionar la opción "Totalmente de Acuerdo", se muestra una
variación de tres sigmas y su efecto es un fuerte descontento por las
interrupciones causadas por los cambios. Una gota de tinta roja ha
comenzado su viaje hacia el resultado neto.

La responsabilidad del gerente será reducir la intensidad de los cambios
no anunciados al término de la siguiente encuesta. El informe de
coaching del gerente, que incluye las estrategias puntuales, se elabora
con base en un algoritmo de *machine-learning*. Estas permiten que las
cadenas de mando puedan dar el coaching apropiado e impulsar su
aplicación.

También tuvimos que averiguar por qué la capacitación en liderazgo adquirida a través de proveedores no se estaba transfiriendo al trabajo diario. A medida que las razones se hicieron evidentes, se determinó que era necesario crear una nueva pedagogía para capacitar a los gerentes y supervisores. Los capítulos 22 y 23 abordan el problema persistente de la transferencia inadecuada del material de capacitación. Y, por supuesto, las soluciones diseñadas durante el transcurso de estos estudios.

La frecuencia de los sentimientos también debe ser medida. ¿Qué tan seguido son sorprendidos los colaboradores con cambios no anunciados? Si es eventual, se puede obviar la preocupación. Las respuestas de los colaboradores a la pregunta de la frecuencia de ser sorprendidos por nuevos cambios fueron "rara vez", "a veces", "frecuente", "siempre". Si seleccionaron la opción "frecuente", esta corresponde a una variación de dos sigmas de la norma - que es "rara vez". El informe de coaching del gerente genera estrategias para reducir esas brechas:

- Interceptar los cambios antes de que afecten a los colaboradores.
- Amortiguar los impactos que están fuera del control del departamento.
- Pedir a los colaboradores que aporten ideas que permitan implementar los cambios de la mejor manera posible.
- Liderar y apoyar a los colaboradores a través de los cambios para mantener la compostura y la productividad.

Las generalidades no funcionan aquí. La especificidad es crucial. Evaluemos el caso hipotético en que el gerente redujo la intensidad y frecuencia de los cambios disruptivos. Esa gota de tinta roja aborta su viaje y da paso a una gota de tinta negra. El gerente no tenía que intervenir por los colaboradores y muchos no lo habrían hecho; tienen que atender sus propias agendas. Pero a los ojos de los colaboradores, su jefe se preocupó lo suficiente y dio la milla extra. Él o ella sabía exactamente lo que debía hacer. ¿Estaría el personal dispuesto a tomar la iniciativa si su jefe se lo pidiera? Lo más probable es que sí. Dos o tres miembros del equipo, motivados, encienden a los demás. Los eventos deportivos pueden cambiar con la hazaña de un jugador.

Dieciséis de los treinta y tres enunciados de la encuesta miden la intensidad de los sentimientos relacionados con las necesidades insatisfechas. Así mismo, dieciséis enunciados miden la frecuencia de los sentimientos por necesidades insatisfechas. Las brechas se evidencian con varios de los enunciados. Los gerentes finalmente identifican sus áreas de oportunidad y las acciones a tomar para resolverlas. Por primera vez, existe la sensación de que el compromiso puede ser controlado. Una pregunta permite que los colaboradores expresen sus sentimientos en todo el espectro de necesidades y deseos. Se identifica a los gerentes que lograron la satisfacción de las necesidades laborales en un 80 % o más, y también a quienes se acercaron al 80 % desde la encuesta anterior.

Dato de interés: Cuando la equidad de necesidades impulsa las estrategias de productividad, se renueva la psicología del personal.

Las brechas en intensidad se evidencian con tinta roja, o una tonalidad de rojo, en los gráficos circulares del informe de coaching del gerente. Las brechas en frecuencia se ven con tinta roja, o tonalidad de rojo en los gráficos lineales (con relación a los colores del libro mayor de contabilidad). Los gráficos circulares y lineales sin brechas solamente tienen tinta negra. Es necesario reconocerlo. El aumento de la productividad, derivado de las acciones de los gerentes para satisfacer las necesidades laborales, reduce la proporción de la nómina con respecto a los ingresos en un período de tiempo. La producción aumenta, los costos disminuyen. El resultado neto se presenta de un color negro más sólido.

El color rojo en el informe de coaching provoca miedo y debería provocarlo. El equipo ha disminuido su rendimiento. Pero como los gerentes no sabían cuáles necesidades no estaban siendo satisfechas, era momento de desarrollo, no de confrontación. El desarrollo se trata de ver hacia dónde vamos (dirección) y qué necesitan los colaboradores en el camino (apoyo). El liderazgo y el apoyo cumplen ese papel. Todos sabemos cómo hacer ambas cosas - hasta cierto punto. No estamos iniciando a partir de cero. La gente comprende esos dos roles y que la tarea consiste en ampliar su repertorio de habilidades macro al aumentar la frecuencia e intensidad de cada una.

Un fuerte incentivo para que los gerentes exhiban comportamientos favorables de liderazgo / apoyo es evitar parecer egoístas o apáticos hacia su gente cuando en realidad no lo son. Las métricas de la encuesta captan los verdaderos sentimientos de las personas que trabajan con nosotros.

Dato de interés: Generar mayor esfuerzo con menos atención al personal es buscar el ROI sin la inversión.

El informe de coaching del gerente proporciona las estrategias para convertir la tinta roja en negra. Estas logran la excelencia en los gerentes hasta un 80 % o más. Tomando en cuenta la propensión al egoísmo con la que nacemos, el 80 % es espectacular. Los módulos en la universidad virtual (*DiaplanU*) también desarrollan destrezas para satisfacer necesidades, utilizando fragmentos transferibles que coinciden con tareas que requieren liderazgo, apoyo o ambos. Hay mejora en las métricas que ingresan al proceso con sus recompensas correspondientes.

Unas palabras acerca del apoyo y liderazgo: Las diferencias primarias de género en el comportamiento son observables. Algunos hombres se pueden sentir menos cómodos al apoyar a otros hombres. El comportamiento de apoyo se atribuye con más frecuencia a las mujeres que a los hombres, mientras que el liderazgo se les atribuye más frecuentemente a los hombres que a las mujeres. No se trata de nuestra zona de confort, sino de las necesidades laborales de los colaboradores descritas en el *Smart16*. Si apoyamos demasiado se incrementa la codependencia. Si lideramos demasiado rápido, dejamos a algunos rezagados. Si se requiere apoyo, empatía y compartir sentimientos, lo brindamos. Si las metas y los objetivos están en juego, nos ponemos el sombrero de liderazgo, aunque no nos sintamos cómodos. El capítulo 14 ofrece ejercicios prácticos para diferenciar el uso de las distintas habilidades macro en distintos escenarios. Es fácil reaccionar de manera instintiva en el campo de acción. Las conexiones neuronales necesitan ser reconfiguradas para responder adecuadamente en un elevado porcentaje del tiempo. El capítulo 25 aborda esa reconfiguración.

Después de haberse adaptado adecuadamente, ¿deberían los gerentes descansar en sus laureles a un 20 % menos que la perfección? La segunda milla es el reino de los comportamientos transformados. Las personas imperfectas siempre están ajustándose a ella. Cuanto más cerca estemos del 100 %, habrá más tinta negra y será de un color negro más sólido. El comportamiento intangible de apoyo se convierte en tangibles monetarios a través de aquellos por quienes nos preocupamos.

Le di el nombre de "DIAPLAN" al compromiso gerencial. "DIAPLAN" es un acrónimo del nombre en inglés *'Do I Always Provide Leadership And Nurturing?'* que en español es: ¿Proveo liderazgo y apoyo siempre que se necesita? Quiere decir que siempre lo que se necesite, lo proveo. En español DIAPLAN sugiere "Plan Diario". Liderar y apoyar es el plan diario de cada gerente. Las herramientas y las capacitaciones están disponibles en ambos idiomas.

La Experiencia como Colaborador

Desde ejecutivos hasta supervisores, las personas que alcanzan una posición de poder en sistemas decadentes están más tentadas a ser egoístas y carentes de empatía hacia las necesidades laborales de los colaboradores. Un alto porcentaje de ejecutivos tiene tendencias narcisistas, maquiavélicas y psicópatas ("La Triada Oscura"). Toleran el narcisismo y la apatía así como los efectos negativos que estos rasgos engendran en la productividad. El comportamiento de la gerencia está moldeado por el sistema. Los sistemas decadentes no controlan el comportamiento de los gerentes hacia el personal. La rendición de cuentas en la satisfacción de las necesidades laborales no es parte de la cultura. El precio que pagan las corporaciones por ello es exorbitante. (Fragmentos tomados del libro de Brian Klaas: *Corruptible: Who Gets Power and How It Changes Us*).

11

LA DOCENA SUCIA

"Una persona nunca debe imponer sus puntos de vista al ocurrir un problema; por el contrario, debe estudiarlo y a su debido tiempo la solución será revelada".

ALBERT EINSTFIN.

CONSOLIDEMOS LA INFORMACIÓN QUE TENEMOS hasta este momento y describamos las acciones que se pueden tomar con base en lo que sabemos. La gestión de la milla extra es una estrategia basada en evidencia. ¿Cuál es el problema que necesita solución? Las personas no comprometidas en el trabajo están incrementando los costos y reduciendo la ganancia. No están comprometidas porque sus trabajos, esa tercera parte de su vida, no les llena. Eso no depende de ellos. Los resultados basados en evidencia muestran dos aspectos:

- ✓ La evidencia que identifica *las causas* de un problema.
- ✓ La evidencia que identifica *la solución* de un problema.

En los capítulos anteriores hemos estudiado las causas de los problemas. El capítulo 12 establece los requisitos para obtener soluciones efectivas. El capítulo 13 compara los impactos extrínsecos e intrínsecos en las soluciones de los problemas. Los doce problemas crónicos, con mayor prevalencia, que necesitan solución son:

La Docena Sucia
1. Con frecuencia, el comportamiento del gerente provoca reciprocidad negativa del equipo de trabajo. Los colaboradores se resisten, pierden el compromiso y se desinteresan.
2. Las personas tienen 16 necesidades laborales. Varían en el tiempo y de una persona a otra. Las necesidades insatisfechas generan sentimientos de que el gerente o la empresa no se preocupa por sus necesidades. Los sentimientos negativos reducen el rendimiento.
3. Los gerentes no saben quién necesita qué cosa o cuándo la necesita. No son capaces de atender muchas necesidades. Las necesidades intrínsecas (desafío, oportunidad, crecimiento personal y reconocimiento) generalmente permanecen insatisfechas.
4. El costo de la planilla, con relación a los ingresos, se incrementa cuando las necesidades no son atendidas. Invariablemente, las necesidades son desatendidas.
5. El cálculo del índice de productividad, usado por los economistas y por el Departamento de Trabajo de los EE. UU., no incluye el factor de motivación personal. La gerencia no lo utiliza para incrementar la motivación laboral.
6. Varios científicos describieron los mismos motivadores laborales utilizando diferentes modelos. Sin embargo, en ningún caso se valida el uso del modelo con relación al PI. Conocer los modelos no ha cambiado el comportamiento de los gerentes. No hay rendición de cuentas por la utilidad ni por los resultados que se obtienen.
7. No se validan las herramientas de desempeño de los gerentes. Las evaluaciones de desempeño rara vez se correlacionan con el incremento de la productividad. Hace falta evidenciar que dichos instrumentos estándar impactan el compromiso.
8. Los descriptores de puesto de los gerentes no incluyen requisitos de productividad del equipo de trabajo (para mantener bajos los PI). La rendición de cuentas por la satisfacción de las necesidades laborales está ausente. No se especifica cuáles son las competencias que aumentan la productividad del equipo de trabajo.
9. En los Estados Unidos de América se gastan anualmente $166 mil millones* (dólares de los EE. UU.) en capacitaciones de liderazgo. Sin embargo, el porcentaje de compromiso medido por Gallup únicamente ha subido en seis puntos porcentuales en veintiún años. Esfuerzo y costo, sin resultados, indican una identificación incorrecta del problema.
10. Los Directores Generales Financieros excluyen la productividad humana como una fuente significativa de ganancia. Ellos calculan márgenes y gastos, pero no tienen herramientas para medir y controlar el impacto del comportamiento humano en la ganancia.
11. Se nombra a novatos para liderar grupos de trabajo. Por lo general, se desconoce si aumentan o disminuyen la productividad del equipo. Las empresas no controlan cómo dirigen los gerentes a sus equipos de trabajo ni cómo satisfacen sus necesidades. Los instintos y comportamientos condicionados de los gerentes no satisfacen adecuadamente las necesidades laborales.
12. Las empresas no institucionalizan el *cuidado o atención al personal*. Lo que sí es institucionalizado (normal) es la negligencia en la satisfacción de las necesidades de los colaboradores. La injusticia (inequidad) genera resentimiento y reduce la contribución de los colaboradores a los resultados de negocio.
* https://trainingindustry.com/wiki/outsourcing/size-of-training-industry/

Dato de interés: En 120 años de investigación en gestión administrativa, los problemas de motivación no se han resuelto porque la metodología no se ha dirigido a la atención que la gerencia brinda a los colaboradores.

Los estudios han sido prolongados debido a que los cambios en el comportamiento son graduales. En nuestro caso, la duración ha sido de casi cuatro décadas trabajando con aproximadamente 100 empresas pequeñas y medianas, así como con varias de *Fortune* 500. Recopilamos datos de forma gradual a partir de las empresas que utilizan nuestras herramientas a cambio de sus datos. El primer estudio concluyó después de 17 años, seguido por otro de cuatro años de duración y luego dos más de tres años. A medida que aumentaba la claridad sobre la causa y el efecto y nuestra tecnología mejoraba, el tiempo necesario para institucionalizar la equidad de las necesidades disminuía drásticamente. Invariablemente, la raíz de los problemas de desempeño era la insatisfacción de las necesidades laborales y el desconocimiento o negligencia de los gerentes con relación a ellas.

El arduo trabajo de investigación fue aminorando a medida que las puntuaciones de la encuesta de satisfacción de las necesidades aumentaban año tras año en consonancia con la reducción anual de los índices de productividad. La disminución de los PI evidenció que los estímulos negativos, que provocaron las respuestas negativas, estaban siendo sustituidos por estímulos positivos. Los gerentes optaban por comportamientos intencionales en lugar de aleatorios e instintivos. Era un comportamiento adaptativo impulsado por políticas desde la alta gerencia. También fue apoyado con capacitación y desarrollo, enfoque en las reuniones, coaching, apoyo gerencial y rendición de cuentas por el aumento en la satisfacción de las necesidades y la disminución de los PI.

La Experiencia como Colaborador

Únicamente el 17 % de los colaboradores califica a su empresa como excepcional en cuanto a la experiencia como colaborador. Y, quienes no pertenecen al equipo de recursos humanos tienen el doble de probabilidades de calificar mal a su empresa en comparación con quienes pertenecen a ese departamento, lo que sugiere una desconexión considerable en la percepción de la experiencia como colaborador y la realidad.

Esa desconexión significa que la gerencia, contrario a lo que cree, no está brindando una experiencia alineada a las prioridades y motivaciones del personal.

Fuente: Artículo de Método de Investigación en nombre de Topia: *"Adapt or Lose the War for Talent: Why Your Employee Experience Needs an Upgrade."*

Si un diseñador de programas de capacitación no puede identificar las competencias que satisfacen las *Smart16*, ¿cuáles serían los objetivos de aprendizaje de un plan de estudios gerencial? Si el impacto financiero del programa de aprendizaje no puede medirse, será una lucha mantenerlo en el presupuesto cuando lleguen tiempos difíciles.

Los capítulos restantes del "Gerente de la Milla Extra" fueron los más agradables de escribir. ¿Por qué? Porque el momento de la verdad llega acompañado del éxito. La docena sucia resume las causas. Es hora de reemplazarlas con las habilidades macro de liderazgo y apoyo para disfrutar los efectos positivos.

12

POR QUÉ LOS GERENTES LO ENTENDERÁN

"Cambiamos nuestro comportamiento cuando el dolor provocado por permanecer igual se hace más fuerte que el dolor que produce el cambio".

HENRY CLOUD

PASEMOS DE LAS CAUSAS DE la falta de compromiso a las soluciones basadas en evidencia que generan compromiso. El primer paso es entender los requisitos para que las soluciones tengan éxito.

Para que una solución en el comportamiento se afiance y promueva el cambio hay tres factores que deben estar en funcionamiento:

1. **Conciencia**:

   - La empresa debe publicar la política de equidad de necesidades:

     ✓ Citando los impactos positivos en la empresa, sus gerentes y colaboradores relacionados a la equidad de las necesidades laborales.
     ✓ Versus los impactos desfavorables de los departamentos con inequidad en las necesidades laborales.

- Ilustrar a los gerentes sobre la oportunidad de cerrar brechas de necesidades no evidentes.
- Enfatizar que a mayor esfuerzo discrecional del equipo de trabajo el desempeño del departamento será mejor.
- Asegurarse que las reuniones de los gerentes incluyan revisiones de los PI de los departamentos para optimizar la satisfacción de las necesidades laborales a través de las habilidades macro de liderazgo y apoyo.
- El departamento de finanzas apoya el desempeño calculando los PI de cada departamento y distribuyéndolos a los gerentes de departamento. El PI corporativo se entrega al Director General y al Director General Financiero.
- *DiaplanU* (universidad en línea) desarrolla las habilidades macro de liderazgo y apoyo, así como las habilidades profesionales del personal a medida que avanzan en las tareas asignadas. Los informes de aprendizaje proveen retroalimentación y refuerzo.

2. **Rendición de Cuentas**: La cadena de mando y los gerentes de todos los niveles, asumen el compromiso de incorporar y mantener la equidad de necesidades laborales. Las herramientas disponibles que respaldan su responsabilidad:

- Los antecedentes y las consecuencias incentivan la satisfacción de necesidades laborales
- La política de equidad de necesidades es un fuerte antecedente.
- Estándares de desempeño - por ejemplo, niveles de satisfacción del 80 % - proporcionan objetivos de crecimiento para los gerentes.
- Las evaluaciones en el informe de coaching del gerente evidencian los comportamientos de los gerentes que dejan necesidades laborales puntuales insatisfechas.
- El compromiso de los gerentes crece a medida que se institucionalizan los estándares más elevados (normas) de atención al colaborador. La percepción de la indiferencia hacia las necesidades laborales ya no está en los intereses propios de los gerentes.

Las acciones correctivas (consecuencias) incluyen:

- Retroalimentación personal del supervisor.
- Revisiones de avance en las estrategias que cierran brechas.
- Nuevas encuestas, acciones progresivas enfocadas en el desarrollo, reacondicionamiento de comportamientos específicos resistentes al cambio.
- Seguimiento más intensivo si las nuevas encuestas muestran brechas similares a las de las encuestas previas.
- Reuniones gerenciales recurrentes para evaluar la productividad versus la satisfacción de necesidades, con retroalimentación personal.
- Los despidos deben ser la última opción. Nadie intenta fracasar. El Sistema ayuda a alcanzar el éxito.

Las acciones de refuerzo (consecuencias) incluyen:

- Retroalimentación positiva al esfuerzo y resultados.
- Recompensas al obtener mejores resultados, de forma continua, en las evaluaciones de la encuesta.
- Recompensas por alcanzar la milla extra (por lo menos el 80 % de satisfacción).
- Recompensas por disminuir los índices de productividad.
- Felicitar por los cambios en los sentimientos y las actitudes del equipo de trabajo, que aumentan el esfuerzo discrecional (compromiso).
- Algunas otras consecuencias positivas incluyen menor rotación de personal e impacto positivo por la satisfacción de necesidades en otros KPI. Recompensar acorde.

3. **Desarrollo del Comportamiento:**

Todos cambiamos nuestro comportamiento cuando hay interés en hacerlo. Inicia por la necesidad de adaptarnos (reflejar) al comportamiento de nuestro supervisor. A medida que cambian los entornos, las normas y los estándares, nos adaptamos para aumentar nuestras posibilidades de éxito. Esto lo hemos observado en estudios de varios años de duración.

A medida que los gerentes sénior aumentan la intensidad y frecuencia de los comportamientos de liderazgo y apoyo, se desarrolla una norma de grupo modificada (valor). El interés personal impulsa la adaptación en cascada en la jerarquía.

El gráfico D (del reporte de investigación del cliente) corresponde al Director General (CEO) quien supervisa al Director de Ventas. El gráfico E es el Director de Ventas quien supervisa a los gerentes de ventas y cuyos resultados se muestran en el Gráfico F. Observe como los cambios en el comportamiento de los jefes impulsan los cambios en los comportamientos en la línea descendente de sus reportantes:

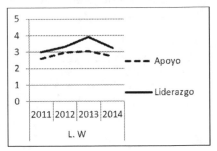

Gráfico D: CEO

Gráfico E: Director de Ventas

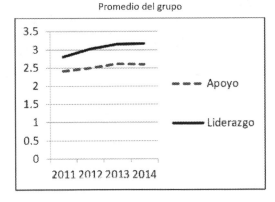

Gráfico F: Gerentes de Ventas

Promedio del grupo

Apoyo: La gráfica de la frecuencia en el apoyo del CEO (Director General) al inicio presentaba una tendencia hacia arriba, luego descendió y llegó a una línea plana. La gráfica del director de ventas también muestra una tendencia hacia arriba y luego descendió. Los lapsos de tiempo predicen que el apoyo llegará a estancarse. La frecuencia en el apoyo de los Gerentes de Ventas también genera una curva hacia arriba en la gráfica, luego se aplana, pero permanece a un nivel más alto que al inicio.

Liderazgo: La frecuencia en el liderazgo es mayor que la del apoyo, por lo tanto, tiene una mayor contribución a las puntuaciones de satisfacción total de las necesidades. La Encuesta *Smart16* contiene igual número de enunciados de apoyo y de liderazgo. La misma frecuencia para ambos produciría líneas sobrepuestas en la gráfica. El año 2011 fue de muchos cambios para los gerentes; el comportamiento orientado a objetivos era altamente demandado. La empresa hizo cambios en sus modelos de mercadeo y ventas. Sin embargo, cuando se estaban cumpliendo los objetivos en el año 2013, la frecuencia del comportamiento directivo se había reducido, pero permanecía a un nivel más alto que al inicio. Consecuentemente, la frecuencia en liderazgo de los gerentes de ventas aumentó, después la curva se aplanó a un nivel más alto que en 2011. La fuerza de ventas proporcionó la data para los gerentes de ventas. Luego de una caída inicial en los ingresos de las ventas en 2012, hubo un aumento del 24 % en la medición del 2014. La frecuencia en el liderazgo es importante. (Ver el Capítulo 9 en que se hace referencia al mismo cliente con un PI más bajo y métricas de ventas más elevadas).

Si todo el equipo de trabajo responde con las opciones "Frecuente" o "Siempre" a un enunciado negativo en la encuesta muestra que su jefe tiene un mal hábito profundamente arraigado. Después de la encuesta, él o ella está consciente del mal hábito. Otros también lo saben y esto lo pone en la mira. La política de equidad de necesidades ya no permite la negación frecuente de una necesidad laboral legítima. Se siente el apretón de la *rendición de cuentas de comportamiento*. Los comportamientos naturales contraproducentes ya no se deslizan sigilosamente a través de las grietas. Hacen ruido.

Estas influencias externas aumentan la frecuencia de los comportamientos de apoyo y de liderazgo. Es posible que los gerentes *aún* no se preocupen altruistamente por las necesidades de su equipo de trabajo, pero sí les preocupa ser percibidos como egoístas. A medida que se adaptan a los nuevos valores normativos, las respuestas positivas de los colaboradores refuerzan los comportamientos emergentes del gerente. Pronto, perciben que atender a los demás les trae más beneficios que no hacerlo. En este punto, la disponibilidad de una universidad en el lugar de trabajo que desarrolle las competencias de liderazgo y apoyo es un beneficio bienvenido; como escribió un gerente:

> *"Siempre paso por alto alguna de las necesidades de mi equipo de trabajo. A lo mejor puedo satisfacerlas con mayor frecuencia si me enfoco en ello. Pronto habrá otra encuesta. No se verá bien si mis números no han cambiado y mi equipo sigue sin desempeñarse de manera óptima. Me preocupa el índice de productividad de mi departamento. Sharon me dijo que su relación (nómina / ingresos) es menor que la mía y que ella no ha sido capacitada en supervisión. Pero, debo admitir que ella es mejor que yo en la atención que brinda a su gente".*

Estar conscientes, el responder por acciones y la capacitación constante fomentan cambios *entre* los gerentes.

13

TANGIBLES A PARTIR DE INTANGIBLES

"Cuando estoy trabajando para resolver un problema, nunca pienso en la belleza, pero al haber terminado, si la solución no es hermosa, sé que no es la correcta".

R. BUCKMINSTER FULLER

LAS SOLUCIONES QUE OFRECEN LOS gurús para la falta de compromiso no han sido estadísticamente muy hermosas. La evidencia anecdótica suele ser muy positiva en los seminarios gerenciales. La estrategia de *rociar y rezar* sigue vigente en muchas organizaciones y el problema continúa frente a nosotros: los gerentes no han cambiado.

Hasta el momento, los gerentes no han tenido razones lo suficientemente fuertes para cuidar mejor de las necesidades de su equipo de trabajo. En el capítulo 12 comenzamos a abordar este tema al analizar los antecedentes y consecuencias:

1. Establecer equidad en las necesidades laborales entre los gerentes y sus colaboradores.

2. Medir las brechas en la satisfacción. Lograr que la cadena de mando esté consciente que las brechas erosionan el desempeño y la ganancia de su departamento.

3. Establecer la rendición de cuentas para la satisfacción de necesidades laborales. Recompensar el logro.

Sin una política aplicada, los comportamientos tienden a revertir a la media, lo que genera falta de compromiso. La política se debe manifestar en el comportamiento y desempeño de los gerentes.

Para utilizar un ejemplo de Hollywood, que resulte familiar para la mayoría de las personas, en la película "Los Diez Mandamientos", Moisés bajó del Monte Sinaí con los Mandamientos como política para la nación israelita. No sanó las dolencias, pero aclaró el estándar de comportamiento esperado. Pero, como Moisés mismo podría atestiguar, la gente *debe querer* mantener el estándar. La motivación externa no fue suficiente en ese momento y nunca lo ha sido. Las violaciones (como siguen ocurriendo en el presente) surgen independientemente de las prohibiciones.

La Experiencia como Colaborador

La historia ha demostrado cruelmente que no todos los que llegan al poder son buenas personas. En la actualidad, tenemos una mezcla. Algunas excelentes personas ocupan puestos de liderazgo: facilitadores amables, jefes que empoderan, políticos que intentan genuinamente hacer que la vida sea un poco mejor para los demás. Pero muchas, muchas figuras de autoridad no son así. Mienten, engañan y roban, se sirven a sí mismos mientras explotan y abusan de los demás. Son, en una palabra, corruptibles. Y causan mucho daño. (*Brian Klaas: Corruptible: Who Gets Power and How It Changes Us*)

Los antecedentes y consecuencias mencionadas anteriormente empiezan a institucionalizar el cuidado del personal. El cuidado voluntario es mucho menos común que la falta de ello. Los gerentes con falta de atención al personal están atascados en la primera milla. Sin embargo, la mayoría de ellos atienden a sus hijos. Allí han hecho una inversión y un instinto paternal o maternal para protegerla.

Dato de interés: Los gerentes son capaces de brindar el cuidado a personas que no pertenecen a su familia. Se requiere un motivo para estar dispuesto.

Entonces, ¿qué hace que los gerentes estén dispuestos a satisfacer las necesidades de su personal? Como hemos visto, inicialmente, la motivación es extrínseca. Su raíz es la seguridad económica, un motivador de supervivencia. Los gerentes son contratados para ejecutar políticas de equidad de necesidades que impulsan la productividad y las ganancias. Ahora está en la declaración de misión de la empresa y en los descriptores de puesto de los gerentes. Un gerente puede ser apático y *saberlo*, pero no quiere parecerlo. Estos factores extrínsecos motivan la disposición para adaptarse. ¿Por qué debería uno atender a su personal? Porque es de utilidad para alcanzar los intereses estratégicos de la empresa, que lo ha contratado para servir. Ayuda a mantener su trabajo y a pagar sus facturas. La solución aún no es hermosa, pero llegaremos allí.

Administración del cuidado de la persona es lo que ofrecen los hospitales, hogares de ancianos y residencias de asistencia social. La calidad de la atención es el factor de venta. Es crucial para la supervivencia de estos negocios. Perder pacientes en los hospitales no es algo bueno cuando podría evitarse. Lo mismo sucede con los hogares de ancianos. Las residencias de asistencia social no quieren que los residentes se muden a donde les brinden una mejor atención. Las descripciones de puesto de trabajo en estas empresas son más explícitas. Hay motivadores extrínsecos personales, legales y financieros para brindar atención, aun cuando sus gerentes y personal podrían no hacerlo de forma voluntaria.

Ahora es el momento de insistir, *¿por qué no controlamos la forma en que nuestros gerentes atienden a su equipo de trabajo?* (¡Como si los humanos no lo necesitaran!) ¿El Lector pondría en discusión el hecho de que *no brindamos la atención suficiente?* Por razones legales y de control, restringimos el acoso sexual, el sesgo racial manifiesto, el abuso verbal y otras formas de maltrato. Estamos motivados a prevenirlos por factores extrínsecos. Pero no avanzamos mucho más en el *Smart16*. Ir más allá apuntala la productividad y la ganancia de nuestros departamentos.

Así que, cuando se ha hecho la *adquisición* del talento humano (extrínseco), volteamos la moneda del comportamiento gerencial hacia lo intrínseco. Ese lado es la *inspiración*. El colaborador inspirado, florece. Los gerentes quieren tener éxito, pero no lo lograrán sin un equipo de trabajo capacitado y dispuesto. Los colaboradores también quieren alcanzar el éxito. Los gerentes tienen ese punto a su favor. La inspiración brinda oportunidades para la creatividad, la innovación y el reconocimiento de las habilidades personales. Es el impulsor y conductor del compromiso. Entonces... ¿Qué le inspira en su trabajo como gerente? ¿No es algo en lo que es bueno y disfruta haciendo? ¿Cuál es el don o la habilidad que le hace brillar en el trabajo, que lo compromete y aumenta su rendimiento? Entonces, eso es lo que usted está buscando en sus gerentes y en su equipo de trabajo.

- ¿Ofrece el puesto de trabajo suficientes oportunidades para destacar ante sus compañeros y ante usted?
- ¿Conocen la importancia que tiene para la empresa su trabajo y sus objetivos?
- ¿Adapta los proyectos a las fortalezas e intereses del personal y los asigna para su desarrollo personal?
- ¿Las tareas fomentan crecimiento, exigencia y desafío?
- ¿Recompensa adecuadamente al colaborador cuando hace un trabajo de alto nivel?

No hay nada *extrínseco* en la lista anterior. Estos son detonantes de inspiración – *estrategias para cerrar brechas*. Convierta estas interrogantes en las preguntas que hará a cada uno de sus colaboradores. (Por ejemplo:

¿Cómo puedo adaptar los proyectos a sus fortalezas e intereses?) La atención y el entusiasmo de los jefes hacia el potencial de cada colaborador cambia drásticamente la dinámica del desempeño. El éxito del equipo se integra en la ecuación. Con la equidad de las necesidades, los jefes dan a su equipo lo que reciben de sus supervisores. La buena voluntad se propaga en cascada al igual que la mala voluntad.

En la tabla presentada en el capítulo 2 solamente se incluyen tres necesidades intrínsecas. Dos de ellas se refieren a la *autonomía* - horarios flexibles y la opción de trabajo desde casa. La *promoción interna* aborda el avance. Vayamos más allá de lo *fácil*. Hagamos lo *correcto* para el personal y la empresa. Hagamos lo que se necesita para que los colaboradores sean más felices y obtengamos mayor ganancia a través de la satisfacción de todos los motivadores intrínsecos.

Basta decir que pocos pueden progresar en su puesto de trabajo actual si no tienen oportunidad de explotar esa habilidad que los hace especiales. La *ubicación* es crucial para la satisfacción intrínseca. Los agujeros redondos son para pernos redondos. Los niños practican el emparejamiento con juguetes de madera o de plástico. Los profesionales lo practican con herramientas sofisticadas, por ejemplo, *Predictive Index™* (Índice de Predicción), *Myers Briggs™, DISC™*. Estas herramientas proporcionan información sobre la relación que hay entre la empatía y el altruismo con los perfiles de comportamiento. Estas virtudes no están presentes en todos los gerentes. Pero el gen altruista está en nosotros. Se requiere de fuertes modificadores de comportamiento para anular el interés propio y que aflore el altruismo. Cerrar brechas de la encuesta de dos o tres sigmas (con requisitos para cerrarlas) es un nivel de rendición de cuentas que la mayoría de los gerentes aún no ha experimentado. Ese es un descubrimiento alarmante y es disruptivo de los hábitos interpersonales nocivos.

Dato de interés: Las disrupciones buenas permiten que afloren las disfunciones para darles tratamiento.

La milla extra también es capaz de diferenciar a los profesionales de los aficionados. Algunos de los aficionados emanan apatía tóxica. No les interesa el potencial que tienen los colaboradores. Generan inequidad, conflictos y diversas desavenencias. Los profesionales, por el contrario, irradian empatía. Practican la administración de la atención que remueve los comportamientos tóxicos del ambiente y los reemplaza con empatía - un soplo de aire fresco. En el diagrama de flujo que se presenta a continuación, el primer cuadro a la derecha muestra lo intangible. El último cuadro, abajo a la izquierda, presenta lo tangible.

Mecanismo para convertir Intangibles en Tangibles

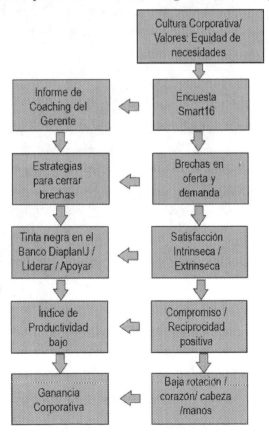

La cadena de insumos produce el resultado neto. Es la administración de la atención para los cuerpos, psiques y finanzas. Es la *solución hermosa*.

Hay otras cosas hermosas que acompañan la necesidad y deseo de satisfacción.

La Experiencia como Colaborador

En pocas palabras, los colaboradores felices son más productivos y cuando son más productivos pueden impulsar significativamente el resultado neto de una empresa.

Anne M. Mulcahy, ex Directora General de Xerox, lo expresó de manera un poco diferente cuando dijo *"Si los trabajadores saben que la gerencia se preocupa por ellos como personas integrales – no solo como trabajadores – son más productivos, están más satisfechos, más realizados. Trabajadores satisfechos, significa clientes satisfechos, lo que conduce a la rentabilidad"*.

La investigación respalda en gran medida a Mulcahy. En su informe *Situación del Lugar de Trabajo Estadounidense* Gallup comparó empresas que se ubicaron en el cuartil inferior en el compromiso de los trabajadores con aquellas ubicadas en el cuartil superior. El informe encontró que las empresas más comprometidas mostraron:

- 41 % menos ausentismo, 70 % menos incidentes de seguridad
- 24 a 59 % menos rotación de personal, 28 % menos contracción
- 17 % mayor productividad, 21 % mayor rentabilidad

Incrementar el compromiso del personal puede mejorar drásticamente el funcionamiento de la empresa, genera ahorros sustanciales en costos, reduce la rotación e incrementa las ganancias. Entonces, ¿cómo se logra esto? Thoey Bou, Gerente de Operaciones de Personal en Poll Everywhere, dice *"Las operaciones del personal son tanto un arte como una ciencia. Varias empresas no obtienen retroalimentación de los trabajadores porque no la piden... Debe recordar que es una relación entre su negocio y sus trabajadores, y que todos tienen el mismo objetivo".*

(https://blog.polleverywhere.com/companies-that-excel-employee-engagement/)

14

HABILIDADES MACRO-COMPROBADAS

"Los hombres y las naciones se comportan
sabiamente cuando han agotado
todas las otras alternativas".

ABBA EBAN

LOS LECTORES PUEDEN PENSAR QUE diferenciar entre necesidades extrínsecas e intrínsecas es sencillo, como aplicar una estrategia de apoyo o de liderazgo de manera automática una vez que se presenta un tipo de necesidad. Los participantes en mis talleres de las empresas socias en investigación, por lo general, no pueden seleccionar cinco respuestas correctas cuando se les pide resolver las cinco situaciones que veremos a continuación. La predisposición por apoyar obstaculiza la satisfacción de las necesidades intrínsecas. El instinto de liderar puede entrar en acción cuando se presenta una necesidad extrínseca. La diferenciación se domina con la necesidad y la práctica, como ocurre con todas las habilidades de comportamiento.

Dato de interés: Se inyecta tinta roja al sistema de manera
automática si los gerentes apoyan cuando deberían liderar, o
lideran cuando deberían apoyar. La falta de diferenciación

es la enfermedad predominante. Es costosa ya que el personal
no responde con productividad ante el estímulo incorrecto.

Las reacciones instintivas (como por ejemplo los reflejos en las rodillas) nos hacen quedar mal. Las necesidades del personal sufren. En las situaciones planteadas a continuación, el lector debe seleccionar una de cuatro estrategias, diferenciando entre las estrategias más débiles y la más fuerte según el tipo de necesidad. Responda con base en la información proporcionada. La respuesta correcta será una estrategia de liderazgo o de apoyo, ya que solo hay dos categorías de necesidades.

Este capítulo es más largo ya que cubre los cinco escenarios. Observe que los gerentes deben liderar o apoyar según el proceso habitual de trabajo. No es *trabajo extra*. La milla extra es el *buen trabajo*. Por favor analice cada uno de los escenarios y seleccione la mejor estrategia para resolver cada situación:

1. Una empresa está experimentando una pérdida de clientes habituales. Durante los últimos meses, el número de quejas por servicio al cliente ha ido en constante aumento. El gerente de ventas, Alberto Torres, también es responsable de la unidad de servicio al cliente, supervisada por Sarah Williams. Sarah se ha estado quejando con Alberto de tener poco personal y estar bajo mucho estrés. Alberto escuchó de otro supervisor que Sarah está pensando en renunciar. Si usted fuera Alberto, ¿qué haría?

    A. Evaluar las quejas para determinar quiénes son los colaboradores que reciben más. Permitir que Sarah los reemplace.
    B. Determinar si el personal de servicio necesita capacitación; o si se deben elevar los estándares de servicio, o ambos. Después de esto, tomar decisiones sobre el personal.
    C. Decirle a Sarah: "Los ingresos están disminuyendo en este momento; debes mejorar con la gente que tienes".
    D. ¿Expresar empatía por la situación de Sarah y autorizar adiciones a la nómina?

Esta necesidad es intrínseca. ¿Por qué? La misión de la empresa está en riesgo. Esto hace que este escenario sea sobre objetivos, dirección y estrategia. Esos son asuntos de liderazgo. Atraer clientes y retenerlos contribuye a la misión y propósito de la empresa. La capacitación puede ser una necesidad extrínseca, pero en este caso, la capacitación es necesaria para alcanzar la misión de la empresa.

La respuesta correcta es B. Si el personal no está capacitado o las normas de servicio son demasiado bajas o no se están cumpliendo, eso es un llamado al liderazgo para resolver esa situación y volver al camino para cumplir con la misión.

La respuesta A ignora el factor de capacitación. Es posible que no sea necesario reemplazar al personal. También ignora la posibilidad de que los estándares de desempeño para el servicio al cliente no se hayan establecido o no se estén aplicando.

La respuesta C supone que la mejora es posible sin más orientación o apoyo de los gerentes. El esfuerzo por sí solo no resuelve todos los problemas.

La respuesta D aumenta los costos sin justificar la necesidad de ello. Está bien apoyar, pero el liderazgo es lo que satisface esta necesidad intrínseca.

2. Una organización fue adquirida recientemente por una empresa más grande y está experimentando un cambio rápido. Aumento de salarios y contrataciones están congelados; el pago de horas extras se canceló. Sin embargo, las cargas de trabajo están creciendo y cada semana surgen nuevas demandas.

Usted administra tres centros de copiado en la empresa. Su personal está abrumado con el volumen de trabajo. La calidad del trabajo ha sufrido. Usted está recibiendo correos electrónicos severos de varios gerentes de departamento. El personal de los tres centros se reunió. Quieren una reunión con usted. La mejor estrategia para esta reunión es:

A. Pedir disculpas por la congelación de contratación, la restricción de horas extras y el volumen de trabajo. Decir: "Ojalá pudiera hacer las cosas más fáciles, pero está fuera de mis manos hasta que la gerencia elimine las restricciones".
B. Dejar que todos expresen su agravio. Expresar su agradecimiento por sus esfuerzos. Servir pizza y bebidas.
C. Revisar la situación, luego preguntar a cada miembro del personal cómo piensan que las cosas se pueden mejorar.
D. Trabajar 2 horas y media por día en cada centro para ponerse al día con el trabajo pendiente y satisfacer la demanda hasta que las cosas se calmen o hasta que pueda contratar personal adicional.

La respuesta correcta es D. Esta es una necesidad extrínseca. Requiere apoyo. Las condiciones de trabajo están afectando negativamente al personal. No se trata de recompensar y desafiar el trabajo (factores intrínsecos). Se trata del dolor que el personal está sintiendo por la carga de trabajo (factores extrínsecos). Necesitan alivio inmediato. Es momento de que el jefe se remangue las mangas.

La respuesta A no tiene sentido. Es más bien una forma de evadir el problema. No es constructivo y deja al personal en la misma situación miserable.

La respuesta B puede traer alivio temporal, pero no mejorará las condiciones del día a día. Una vez más, es apoyo sin solución.

La respuesta C saca a relucir las aportaciones del personal. Ese es un aspecto de liderazgo, pero sin una lluvia de ideas completa, con expertos externos o la participación de la alta dirección, probablemente no producirá una solución que pueda sortear la política. Incluso si el gerente presenta el asunto al siguiente nivel de la gerencia, obtener la aprobación para contratar personal adicional podría demorar semanas. Necesitan alivio ahora o comenzarán a renunciar.

Dato de interés: Apoyo no aparece en las definiciones de la gerencia administrativa. Las definiciones generalmente reflejan las necesidades de la empresa, no las del personal.

3. Michael fue contratado hace seis meses. Ha tenido un buen desempeño hasta este momento. Recientemente Anne, su supervisora, ha notado un cambio en su desempeño y ella piensa que es una pérdida de interés o de motivación en su trabajo. La semana pasada, "Mike" extendió 15 minutos su horario de almuerzo, para terminar un crucigrama. Ayer, mientras ella pasaba por su puesto de trabajo vio una página de ofertas de empleo en su navegador antes de que él pudiera cerrarla. Ella no quiere perder a Mike, pero uno de sus compañeros de trabajo le dijo a Anne que Mike parecía aburrido y distraído; ella piensa que sus estándares de trabajo están disminuyendo.

La acción apropiada que debe tomar Anne en esta situación es:

A. Confrontar a Mike por las cosas que ha notado y el comentario que hizo su colega (anónimamente).
B. Tener una discusión con Mike sobre su trabajo y motivación. Profundizar hasta la raíz del problema y luego construir motivadores en su trabajo.
C. Asegurar a Mike su apoyo y pedirle su compromiso para mantener un alto nivel de desempeño.
D. Delegarle a Mike parte de su trabajo para mantenerlo ocupado y desafiado.

La respuesta correcta es B. Hasta que Anne descubra el verdadero problema que provoca el cambio en el desempeño laboral de Mike, ella no podrá tomar las medidas apropiadas para retenerlo y mantenerlo con un buen rendimiento. Este tema necesita el liderazgo de Anne, ya que es un motivador intrínseco. Mike está desmotivado. Probablemente el trabajo ya no lo desafía o no mantiene su interés. Puede ocurrir fácilmente dentro de los primeros seis meses de trabajos más operativos.

La estrategia para resolverlo es el enriquecimiento laboral, que incluye lo siguiente:

- Trabajo de nivel superior
- Trabajo más difícil
- Trabajo que saque a relucir las mejores habilidades
- Trabajo que amplíe las competencias
- Trabajo que lo prepare para un futuro mejor

La respuesta A es demasiado fuerte, como si Mike fuera culpable. Todo el mundo ha extendido el horario de almuerzo en algún momento. Hasta ahora, este fue un evento puntual. Buscar otro trabajo dice tanto sobre la compañía como sobre Mike. La gente a menudo renuncia por razones que los empleadores pasan por alto.

La respuesta C está pidiendo a Mike un mejor desempeño sin profundizar en la razón de la disminución de este.

La respuesta D podría ser un movimiento positivo de liderazgo. Pero "mantener ocupado a Mike" no es una solución a largo plazo. No, si no es un reto y no es una promoción laboral real. Si no es así, Mike no se quedará.

4. Durante décadas, una empresa de fabricación ha ido agregando nuevos beneficios para los colaboradores. Los beneficios de la empresa son competitivos con los de otras empresas de la misma industria. Aun así, la rotación de personal es superior al 30 % anual que corresponde al doble del nivel aceptable (10 a 15 %).

   ¿Cuál de las siguientes estrategias de la alta dirección sería la más aconsejable para reducir significativamente la rotación de personal?

   A. Agregar beneficios adicionales que los competidores no ofrecen, como comidas de cafetería subsidiadas.
   B. Pagar un bono adicional a los gerentes, si logran reducir la rotación de personal en su departamento por debajo del 20 %.

C. Realizar, con frecuencia, la encuesta de satisfacción de las necesidades. Cerrar las brechas de las necesidades con estrategias específicas.

D. Pagar un bono significativo a los colaboradores por cada año que permanezcan en la empresa.

La respuesta correcta es C. Encabezando la lista de las necesidades laborales del personal están las oportunidades para satisfacer los motivadores intrínsecos en el transcurso de su trabajo. El gerente lidera al personal hacia un estado de bienestar psicológico. El no hacerlo deteriora la relación y es una de las principales razones por las que el personal decide renunciar.

La respuesta A aumenta los costos. Un satisfactor extrínseco nunca compensará a los motivadores intrínsecos insatisfechos, aunque puede ayudar a algún miembro del personal a gravitar hacia satisfactores intrínsecos.

La respuesta B aumenta los costos. No debe ser necesario duplicar el pago de salario a los gerentes para mantener satisfechas las necesidades del personal; esa ya es su responsabilidad.

La respuesta D también aumenta los costos. Los colaboradores que están contentos (ambos tipos de necesidades están satisfechas) en su trabajo no tienen que recibir bonos para quedarse.

5. Un ambicioso vicepresidente de ventas está ansioso por superar los objetivos que alcanzó el año pasado y que fueron un récord de la empresa. Para lograrlo, en este año su equipo debe generar un 15% más de ingresos. Hay tres factores en su contra y en el de su equipo: (1) El lanzamiento del producto nuevo, que se suponía representaba el 30% de los ingresos, se retrasó hasta el inicio del segundo trimestre. (2) Un nuevo competidor entró en el mercado con un producto similar al producto recién lanzado. (3) Hay una desaceleración moderada en la economía debido al aumento en las tasas de interés. Los ejecutivos de cuenta (AE, por sus siglas en inglés para account executives) y los representantes de servicio

al cliente (CSR, por sus siglas en inglés para customer service representatives) se sienten presionados, sin suficiente capacitación y una carga laboral muy alta. Recibirán un gran bono si logran la meta del vicepresidente, pero están bastante dudosos de que sea realista. Cuando comparten sus preocupaciones, el vicepresidente no le da la importancia y lo atribuye a "nervios contra los que tenemos que luchar". Al final del segundo trimestre, más del 20% de los AE habían renunciado. Los CSR se vieron obligados a trabajar en puestos de los AE sin tener ninguna capacitación. Seis de ellos renunciaron el mes pasado.

¿Cuál de las siguientes estrategias aconsejaría al Vicepresidente de Ventas que implemente?

A. Apegarse a sus objetivos. La gente se desarrolla con el desafío y la perspectiva de romper récords.
B. Identificar los colaboradores que se "quejan" y reemplazarlos por otros más ambiciosos.
C. Revisar el objetivo, a la luz de los desafíos adicionales de este año, para igualar el desempeño del año pasado. Capacitar en horario adicional al de trabajo, pagándoles horas extras. Trasladar el trabajo administrativo de los AE a los CSR.
D. Aumentar la comisión del monto total de ventas, en un 5%. Hacer un descuento del 10 % al nuevo producto.

La mejor respuesta es la C. Estas son las acciones de apoyo para abordar las necesidades extrínsecas. Ir muy lejos o demasiado rápido puede dejar atrás a su personal. Terminan renunciando como lo hicieron algunos. Alcanzar el mismo objetivo que el año anterior, en realidad es una meta superior, si se alcanza en circunstancias más difíciles. El pago de horas extras por la capacitación es una ganancia tanto para el vicepresidente como para los AE y CSR. Pedir a los CSR que hagan el trabajo administrativo de los AE, y calificar para el bono si los AE alcanzan la meta, es un motivador. Cuando las cosas están listas para explotar, los gerentes deben quitar la presión y apoyar para mantenerlos en el juego.

La respuesta A es un riesgo muy alto. Se alcanzó la capacidad bajo determinadas circunstancias. Una meta muy alta con una baja probabilidad de logarla hace que demasiada gente se vaya.

La respuesta B no toma en cuenta los sentimientos de las personas. Despedir a esta gente no será una decisión popular. Aquellos que se quedan tendrán miedo de compartir sus preocupaciones.

La respuesta D aumenta los costos y reduce los ingresos. Los incentivos sólo pueden funcionar cuando hay capacidad de reserva. Este equipo ya está al límite de su capacidad.

El liderazgo se preocupa por los objetivos, metas, dirección y estrategia. La dirección y la estrategia promueven el avance hacia un mejor lugar psicológico a través del enriquecimiento del trabajo. Las psiques hambrientas tratan de la satisfacción intrínseca (más sobre eso en el capítulo 19). El apoyo se preocupa por la satisfacción de necesidades básicas, tales como la pertenencia, herramientas, capacitación y buenas condiciones de trabajo. También se preocupa por reconfortar, alentar y aliviar el estrés. Pero es necesario ser cautelosos con lo siguiente:

> Los gerentes que apoyan de manera espontánea traerán ese comportamiento a cada situación. Muchas situaciones requieren dirección, objetivos, desafíos y oportunidades para el logro. Aunque los colaboradores puedan estar experimentando cierta incomodidad, no necesitan ser mimados. Las quejas se detienen cuando el personal se entusiasma por lograr algo significativo. Necesitan inspiración, no adquisición. Necesitan nuestra habilidad macro de liderazgo. Se trata de hacia dónde va el departamento. ¿Cuál es ese lugar mejor para el personal? Véndalo. Muestre el camino. Recompense el logro.

El informe de coaching del gerente (siguiente capítulo) ofrece estrategias de apoyo y de liderazgo, indicando dónde y en qué momento es necesaria cada una de ellas. Ambas se diferencian en todo momento. Cuando las dos son requeridas, se enfocan las estrategias por separado. Estas habilidades macro son relevantes en la sociedad en general. Somos más sabios si también las diferenciamos - en beneficios a corto o a largo plazo.

Los beneficios extrínsecos brindan alivio a corto plazo para las personas que experimentan dificultades económicas. Esto a menudo es necesario. Sin embargo, llevar a las personas a un nivel económico superior implica oportunidades y desafíos - motivadores intrínsecos. Estos no agotan los recursos económicos - cierran las brechas económicas. La productividad es nuestra gracia salvadora a largo plazo.

Recapitulemos la definición de *gerencia administrativa* basada en resultados y relaciones:

> *Gerencia administrativa es institucionalizar la equidad de necesidades, aplicando dos habilidades macro – liderazgo y apoyo – con suficiente intensidad y frecuencia para satisfacer las 16 necesidades laborales. La satisfacción, especialmente de las necesidades intrínsecas, alimenta el compromiso y el desempeño de la fuerza laboral, reduce los costos de nómina con relación a los ingresos y aumenta las ganancias.*

Esta definición es fundamental para los objetivos empresariales y el desarrollo organizacional. En el capítulo siguiente abordamos los "Planes de Acción" para cerrar las brechas de necesidades medidas con la Encuesta *Smart16*. La reciprocidad positiva es una respuesta que se ha alcanzado.

15

EL MOMENTO DE LA VERDAD

"Tenga un sesgo hacia la acción – ahora veamos como algo sucede. Puede dividir ese gran plan en pasos pequeños y dé el primero de inmediato".

INDIRA GANDHI

ESTE CAPÍTULO SE TRATA SOBRE cerrar las brechas de necesidades. Es tentador que el lector lo pase por alto. Pero eso es lo que provocó la experiencia laboral brutal que se presenta en la última página de este capítulo. Por favor, piénselo bien. Aquí llega el momento de la verdad.

Si los PI no están disminuyendo, la política de equidad de necesidades no se está aplicando. Este capítulo presenta pasos pequeños, pero cruciales, para institucionalizar la equidad de las necesidades. Trae consigo la mayor recompensa posible.

Un gerente puede tener varias brechas de 2-3 sigmas de variación en las 16 necesidades. Si bien cada una debe cerrarse, los planes de acción deben limitarse a dos enunciados de la encuesta. El enfoque estrecho evita la dilución del esfuerzo. La rendición de cuentas se establece desde el principio, pero el cumplimiento es gradual e incremental. El desarrollo del comportamiento necesita abundante práctica y retroalimentación, a un ritmo controlado para satisfacer el espectro de necesidades laborales.

Todos los gerentes sénior tienen reuniones uno a uno con los gerentes que tienen dos o más reportantes directos. El aporte de los gerentes sénior en temas de presupuesto, política, tiempo, autoridad, visión general, es esencial. Los gerentes sénior también mejoran sus propios estadísticos de la encuesta cuando los equipos de trabajo de sus reportantes directos son más productivos.

El plan es a corto plazo, para el período antes de la siguiente encuesta. El resultado esperado es que los gerentes ejecuten las estrategias del informe de coaching del gerente de forma personalizada para cerrar las brechas en las necesidades laborales. Reserve tiempo para estas reuniones.

Agenda de Reunión Uno a Uno

1. Revisión General de la Encuesta:

   En la reunión frente a frente (o virtual), el gerente sénior revisa con su reportante directo el informe de coaching del gerente correspondiente. Este informe está disponible en la plataforma en línea. Un vídeo explica su uso cubriendo cada sección del informe como preparación para recibir, posteriormente, una retroalimentación detallada.

2. Discusión de Retroalimentación:

   El gerente sénior proporciona retroalimentación al gerente sobre su desempeño en la satisfacción de necesidades. Él o ella:

   - Revisa las brechas en las respuestas del personal a los enunciados de la encuesta. Primero se revisan las brechas de tres sigmas, luego las de dos sigmas, luego las de un sigma.

   - Pide la opinión del gerente sobre la causa de la existencia de las brechas; analiza las respuestas del gerente y discuten las macro habilidades de liderazgo o apoyo que deberán desarrollar para cerrarlas.

- Compara las métricas de las dos encuestas anteriores con las métricas de la encuesta actual.

- Si los punteos no han mejorado para determinados enunciados, pide las razones por las cuales se han obstaculizado los comportamientos de liderazgo y apoyo; decide si es necesaria alguna acción adicional.

- Si los punteos han mejorado, brinda reconocimiento al gerente por liderar o apoyar con mayor intensidad y frecuencia.

- El gerente sénior revisa el porcentaje de satisfacción indicado en la última página del informe de coaching al gerente. Punteos por debajo del 80 % por lo general indican que el personal no está comprometido y que los gerentes tienen poca experiencia; el gerente advierte que los punteos bajos en la satisfacción implican una menor productividad y costos de nómina más altos de lo necesario. Esto afecta la contribución del departamento a las ganancias.

- El gerente sénior advierte que, inicialmente, las puntuaciones extrínsecas pueden ser más altas que las puntuaciones intrínsecas. Le solicita al gerente que aumente su enfoque en las necesidades intrínsecas. Esto genera posibilidades para enriquecer el trabajo de cada miembro del equipo con alcance, profundidad y oportunidad de crecimiento.

Mientras el gerente sénior revisa el informe completo, le dice al gerente que no se espera que haya una mejora integral de las 16 necesidades laborales antes de la siguiente encuesta. Todas las brechas serán abordadas a largo plazo (más o menos tres años). Sin embargo, el desarrollo del comportamiento antes de la siguiente encuesta se debe enfocar en dos enunciados. Los gerentes sénior deben tener en la mira una expectativa alta de cerrar las brechas.

3. Seleccionar las Brechas en las que debe Enfocarse:

- Al desarrollar planes de acción, el gerente sénior selecciona dos enunciados con las mayores variaciones.

- Las brechas probablemente serán de dos o tres sigmas de variación con respecto a la norma – el desempeño del gerente con más oportunidad en cuanto a la satisfacción de las necesidades laborales.

- Esas brechas inhiben el compromiso y la productividad. La solución es incrementar la intensidad y frecuencia del apoyo o liderazgo – el enfoque del gerente en los planes de acción a corto plazo.

4. Estrategias para el Desarrollo del Comportamiento:

El gerente sénior y su gerente de reporte directo discuten las estrategias descritas en el informe de coaching del gerente. El gerente sénior pregunta:

- ¿Cómo cada estrategia abordará la brecha?

- De las dos a cuatro estrategias que brinda el informe de coaching para cada necesidad de trabajo que no ha sido satisfecha, ¿Cuál tiene más posibilidad de ser la más efectiva en este momento en su unidad de trabajo? (La aportación del equipo de trabajo, que se analizará después, es crucial).

- El gerente sénior, con su reportante directo, fijan límites a las soluciones que el reportante puede implementar con su equipo de trabajo. Entre las limitaciones a considerar están el presupuesto, las restricciones operativas y la política empresarial.

- Él o ella muestra que las brechas no se cierran sin desarrollo del comportamiento; ese desarrollo no ocurre sin una necesidad evaluada de aprendizaje, un requisito para aprender, así como herramientas y métricas efectivas de aprendizaje.

DiaplanU proporciona la base del aprendizaje de comportamiento. Desarrolla las competencias para la satisfacción de las necesidades extrínsecas e intrínsecas.

- El gerente sénior evalúa el avance en el aprendizaje con el reporte del *Learning Management System* - Sistema de Gestión del Aprendizaje (LMS por sus siglas en inglés) y discute con el gerente los problemas de aprendizaje relevantes.

  Dato de interés: "Solo hay dos formas en que un gerente puede afectar el desempeño de un colaborador: la motivación y capacitación. Si no está capacitando, está descuidando la mitad del trabajo". Andy Grove

Después de la reunión con su jefe, el gerente revisa los resultados de la encuesta con su equipo de trabajo. Hay dos puntos en la agenda de trabajo de esta reunión:

1. El gerente agradece a los miembros del equipo de trabajo por su sincera retroalimentación; por compartir cuán fuerte y frecuentemente han sentido que sus necesidades laborales no han sido satisfechas. El gerente explica cómo las respuestas del personal a los enunciados apoyan su desarrollo y cómo esto es crítico para alcanzar los objetivos del departamento y de la empresa.

2. El gerente comparte los dos enunciados de la encuesta que serán revisados. Luego, él o ella:

    - Discute los enunciados con el equipo; la clave es obtener aportaciones de su equipo de trabajo.

    - Promueve una lluvia de ideas en cuanto a las causas de las necesidades insatisfechas y de las posibles soluciones.

- Anota las ideas en una pizarra; pregunta "¿Cuáles problemas son causados por necesidades laborales insatisfechas?" "¿Con qué frecuencia afectan el desempeño de cada uno?" El gerente anota las respuestas de los colaboradores.

- Dirige una discusión sobre cuáles estrategias obtenidas a partir de la lluvia de ideas son más factibles y contribuyen más a la satisfacción de las necesidades laborales.

- Resume las estrategias acordadas o los planes de acción anotados en la pizarra. Las fotografías con el celular pueden conservar los datos anotados en la pizarra.

  Dato de interés: "Cuando se invierte financieramente en las personas, esperan un retorno. Cuando se invierte emocionalmente en las personas, desean contribuir". Simon Sinek

- Combina las aportaciones de los colaboradores con las aportaciones propias y las de su gerente sénior para consolidar un plan de acción de común acuerdo que satisfaga las necesidades laborales.

- Le asegura al personal que tanto ellos como usted, su jefe, cuentan con el apoyo y la guía del gerente sénior para implementar las soluciones acordadas.

- Envía el resumen del (los) plan(es) de acción final(es) por correo electrónico al gerente sénior y al personal.

En este momento, el personal sabe que ha sido escuchado y que la gerencia ha respondido tomando las acciones necesarias para satisfacer sus necesidades laborales. El gerente también debería pedir a su equipo que discutan sobre cualquier otra necesidad que afecte su desempeño. La conciencia y transparencia son invaluables para la mejora.

La brecha o brechas en la mira comienzan a reducirse en toda la organización porque todos los gerentes han dado pequeños pasos hacia la milla extra. Los gerentes comprenden su papel en la motivación. Se incrementa la reciprocidad positiva. Mejora la "experiencia como colaborador". Mejoran los punteos de la siguiente encuesta. La gráfica de satisfacción de necesidades (curva de Bell) se mueve hacia la derecha.

Mi Experiencia como Colaborador

A la edad de 17 años encontré un empleo bien remunerado trabajando para una empresa de instalación de techos que aún funciona en Denver Colorado. La empresa tenía el contrato para instalar un nuevo techo en la escuela South High School. Las tejas de arcilla estaban en cuatro vagones de carga en una vía cerca de Alameda Avenue. Mi jefe y yo fuimos allí en un camión plano de diez toneladas. Ya había otro camión similar, de la compañía, estacionado allí. Retrocedimos hacia el primer vagón de carga, lo abrimos y comenzamos a sacar las tejas. Era agosto. Al final de la mañana, la temperatura alcanzó cerca de los 90 grados Fahrenheit (aprox. 32 °C). Cada teja pesaba 10 libras (4.54 kilogramos). Mi jefe y yo llevábamos seis tejas cada vez.

En un lapso de media hora, mi camiseta estaba empapada en sudor. Me la quité para refrescarme. La suciedad suelta de los bordes de la teja empezó a acumularse alrededor de mi cintura. En una hora, mi cintura estaba muy lastimada y me ardía por las abrasiones y la sal. Cuando los camiones estuvieron cargados, yo no estaba en condiciones de continuar. Pero teníamos que llevar las tejas a South High. Lamentablemente, los camiones (yo conduje el segundo) no podían subir el bordillo y llegar hasta los edificios de la escuela. Ahí es donde las carretillas fueron de utilidad.

Llevamos veinticuatro tejas por carga en cada carretilla. Había que subir una pendiente antes de llegar a un terreno más plano. No había manera de empujar la carretilla hacia arriba. Tuvimos que caminar hacia atrás arrastrándolas por la pendiente. Para entonces, los bordes irregulares de las tejas habían roto mis guantes. Los dedos expuestos se ampollaron por las manijas de la carretilla. Cuando las ampollas se reventaron, el polvo provocaba muchísimo dolor. Las discapacidades afectaron gravemente mi desempeño.

Los trabajadores que estaban instalando el techo gritaban pidiendo más tejas. Fueron necesarias 150,000 tejas, trasladadas durante varios días, para cubrir dos acres (aproximadamente 8000 m²) de edificios. No podíamos hacer frente. Tres obreros adicionales llegaron desde otro sitio para ayudar. Durante esos días, cargué, descargué y llevé en carretilla unas 25,000 tejas de 10 libras cada una (aprox. 125 toneladas). No me quejé. Necesitaba el trabajo. Pensé que no era suficientemente hombre para el trabajo.

Unos delantales gruesos y un suministro de guantes de cuero, si los hubiera proporcionado la empresa, habrían salvado mis manos y mi cintura. Ahora sé que es una simple gestión de la primera milla. Una hielera llena de agua o preferiblemente de refrescos, nos habría enfriado y recuperado calorías. Mi jefe había colgado una bolsa de lona para agua, en el espejo lateral del camión. El agua estaba tibia, pero nos mantuvo funcionando.

Los recuerdos dolorosos me sensibilizaron. Como mínimo, las necesidades extrínsecas deben ser satisfechas. La movilidad ascendente (intrínseca) debe incluir a los trabajadores operativos que son, en una cantidad desproporcionada, personas menos privilegiadas. El mayor anhelo en la base es disfrutar de lo que parece fuera de su alcance. Las organizaciones que se preocupan por su personal buscarán la forma de proporcionar mayores beneficios a través de crecimiento personal y profesional. No conoceremos el potencial de las personas hasta que les damos la oportunidad de explotarlo. Los talentos naturales están a nuestro alrededor, esperando ser utilizados y añadir más valor a nuestras empresas.

16

LOS GERENTES APRENDERÁN: POR QUÉ Y CÓMO

"Hay dos elecciones primarias en la vida: aceptar las condiciones tal como existen o aceptar la responsabilidad de cambiarlas".

DENNIS WAITLEY

¿POR QUÉ SE NEGARÍA UN gerente a capacitarse en línea, para ser mejor gerente? Porque es más fácil comportarse como uno desea y esperar que otros no noten a su personal no comprometido o desmotivado.

¿Por qué debería un gerente capacitarse en línea para convertirse en mejor gerente? Porque la "Encuesta *Smart16*" muestra el resultado de comportarse como uno desea:

1. Las necesidades laborales del personal no son satisfechas.
2. El personal responde con reciprocidad negativa hacia su jefe por ignorar sus necesidades.
3. La reciprocidad negativa erosiona el desempeño del personal.
4. Se necesita más personal para hacer el trabajo.
5. Más personal eleva los costos de nómina.

6. Costos de nómina más elevados afectan la ganancia.
7. El gerente no está haciendo a cabalidad el trabajo por el que recibe un salario.

La Experiencia como Colaborador

Tuve una jefa que tendría que haber sido la persona más haragana con quien he trabajado. Trabajábamos en una sección de una tienda de abarrotes (de delicatessen) que era la más concurrida de toda la tienda. Generalmente tenía poco personal. Ella trabajaba un máximo de dos horas diarias de su jornada de trabajo. Los otros gerentes trabajaban prácticamente todo el día para cumplir con el trabajo.

El resto del tiempo ella se iba a su oficina a comer donas y a jugar *Candy Crush* (cuando estaba de moda). De vez en cuando se asomaba para dar algunas órdenes, a gritos. Estuve en ese trabajo como 3 meses, pero en ese lapso se contrató de 15 a 20 personas y renunciaron debido a ella, muchos incluso el mismo día de la contratación.

Desagradable, grosera, malintencionada, vulgar y creía que ser la gerente la convertía en la "reina del castillo". Yo no lo creía. Me enteré de que aproximadamente 3 meses después de haberme ido la despidieron. Porque todas las personas se habían marchado para encontrar trabajo en otro sitio.
Fuente: https//forum.mrmoneymustache.com/welcome-to-the-forum'experiences-working-for-a-bad-boss

---

Por supuesto que esta jefa tenía una necesidad apremiante de ser capacitada en liderazgo y apoyo. Los gerentes son contratados para generar ganancias al formar y mantener equipos de trabajo productivos. Si ese propósito no satisface la necesidad de la empresa, es razonable - y urgente - tomar medidas para lograrlo: *equidad de necesidades para alcanzar ROI saludable para los propietarios o inversionistas.*

Debido a que la productividad está arraigada en el comportamiento de los gerentes con su personal, el desarrollo del comportamiento se convierte en una prioridad. Actualmente la formación en línea es el medio de aprendizaje menos costoso. Entonces, ¿por qué razón pueden negarse los gerentes a participar? La siguiente pregunta es: ¿Qué tan efectivo es el desarrollo del comportamiento, en línea? La respuesta es:

en la medida que sus resultados se correlacionen positivamente con la disminución de los índices de productividad del departamento.

Finalmente, ¿cómo se ve el aprendizaje de comportamiento por internet cuando los resultados se correlacionan positivamente con índices de productividad decrecientes?"

> *Dato de interés: "Para cambiar un comportamiento debemos bajar la velocidad y actuar intencionalmente en lugar de hacerlo por hábito o impulso".* Henna Inam

Determinamos que la aplicación intensa y frecuente de las habilidades macro, liderazgo y apoyo, satisfacen las 16 necesidades laborales del personal hasta el nivel de la milla extra. Eso toma tiempo. La tecnología de causa y efecto controla la curva ascendente de satisfacción de necesidades. Las herramientas son:

1. *Pre-Evaluaciones.* Los usuarios documentan la frecuencia del uso actual ("rara vez", "algunas veces", "frecuentemente", "siempre") de las competencias en la mira. Los enunciados presentados de forma objetiva evalúan el conocimiento actual.

2. *Unidades de aprendizaje presentadas en dosis pequeñas (aproximadamente de seis minutos).* La práctica constante del comportamiento facilita el aprendizaje de las personas adultas. Los ejercicios correspondientes a cada unidad se pueden descargar para aplicarlos con el equipo de trabajo o con las tareas propias.

3. *Los vídeos animados.* Textos, gráficas, narraciones y música de fondo involucran a los usuarios mediante el atractivo sensorial e interacción constante. Aproximadamente quince unidades por módulo ofrecen aplicación frecuente a situaciones en tiempo real. Los usuarios pueden avanzar después de completar las rondas de práctica requeridas.

4. *Post-Evaluaciones.* Los usuarios documentan el aumento en la frecuencia de uso de nuevas competencias. Los informes comparan los

punteos de "post-evaluaciones" con los punteos de "pre-evaluaciones" para evaluar el desarrollo cognitivo y de comportamiento.

5. *Treinta y cinco módulos.* Están divididos en 500 unidades de aprendizaje. Estas proporcionan un plan de estudios integral basado en competencias para el desarrollo profesional de gerentes y del personal. Las pistas de aprendizaje se asignan según el nivel de responsabilidad del puesto de trabajo.

La evaluación y el desarrollo promueven la institucionalización. Las futuras Encuestas *Smart16* reflejan el aumento de la frecuencia e intensidad de las competencias, así como el aumento en el nivel de satisfacción de necesidades. Las mediciones periódicas, con retroalimentación y educación continua, previenen el retroceso hacia comportamientos contraproducentes.

17

TOMANDO LAS RIENDAS

*"Los líderes inspiran la rendición de cuentas
a través de su capacidad para aceptar la
responsabilidad antes de culpar a otros".*

COURTNEY LYNCH

Preguntas directas: ¿aplican?

1. Como Director General, ¿cómo le afectaría saber que dos tercios de sus colaboradores se quejan con sus familiares sobre la escasa importancia que dan los gerentes a sus necesidades laborales?

2. ¿Cuál es su nivel de preocupación por la pérdida de utilidades corporativas debido a que dos tercios de sus gerentes no se preocupan por las necesidades laborales de su personal?

3. ¿Cuál es su preocupación por el ROI o dividendos que los inversionistas perdieron debido a que su empresa no satisfizo las necesidades laborales del personal?

4. Si usted sintiera parte de responsabilidad por dichos resultados (si hubiera una alternativa efectiva disponible), ¿haría algo para mejorar la situación de su personal, su empresa y sus accionistas?

Suponiendo que estos cuatro puntos se apliquen y usted tenga la intención de abordarlos, necesitará ayuda de una empresa consultora con licencia y certificada para implementar este Sistema y todas las herramientas. Los cambios muchas veces fallan, pero al instalar y monitorear el Sistema, como se plantea aquí, va a tener éxito. Los consultores guían a las empresas a navegar por los pasos 1 al 10 descritos a continuación. (Busque información de contacto en el "Epílogo" para solicitar apoyo.)

Para Poner en Práctica: Según Aplique

1. *Anuncie la Política de Equidad de las Necesidades*: envíe un correo electrónico detallado y personalizado dirigido a todos los gerentes y colaboradores. Aquí se incluye una carta modelo.

2. *Implemente la Política de Equidad de las Necesidades*: inclúyala en su declaración de misión, en el Manual del Colaborador y en sus programas de orientación e incorporación.

3. *Incluya el Smart16 en el descriptor de puesto de los gerentes:* debe contener los requisitos para satisfacerlo.

4. *Reestructure sus KPI para dar alta prioridad a la satisfacción de las necesidades laborales*: los resultados de los PI por departamento o área, juntamente con la satisfacción de necesidades deben representar el 25 % de las evaluaciones de desempeño programadas.

5. *Realice la Encuesta Smart16 tres veces al año*: después de cada una, haga planes de acción de corto plazo para cerrar las brechas de necesidades. Para obtener los análisis más precisos, debe participar por lo menos el 90 % del personal. Se responde en tan solo 12 minutos con un teléfono inteligente o una computadora.

6. *Asigne pistas de aprendizaje gerencial (capítulo 12) para desarrollar habilidades de liderazgo y de apoyo, que cierren brechas*: asigne pistas de aprendizaje al personal para la formación de habilidades profesionales, desarrollo de carrera y metas de vida.

7. *Estructure el sistema de bonos*: ofrezca recompensas a los gerentes por el aumento en la satisfacción de las necesidades del personal y la disminución de los índices de productividad de los departamentos y el corporativo.

8. *Reconozca públicamente a los "Gerentes de la Milla Extra"*: establezca un objetivo de la satisfacción de necesidades en un 80 % o mayor.

9. *Devuelva un porcentaje razonable del incremento de ganancias*: recompense al personal y a los gerentes quienes ayudaron a la empresa a alcanzar los objetivos establecidos. El comportamiento recompensado es un comportamiento que se repite.

10. *Deje en libertad a los gerentes apáticos*: permita que los gerentes con brechas de necesidades persistentes busquen trabajo en otra parte.

Estos pasos permiten que las empresas se afiancen al sistema. Sin embargo, hay un trabajo analítico continuo que surge de los informes corporativos. Habrá un consultor con usted durante un largo plazo.

Si somos empresarios ambiciosos, podemos llegar más lejos al responder las siguientes preguntas:

¿Qué quiero hacer?
¿Por qué quiero hacerlo?
¿Cuándo quiero hacerlo?
¿Cómo lo haré?
¿Dónde lo haré?

Para avanzar aún más, quizás tengamos que preguntarnos *¿Quién* puede apoyarme? A partir de ese punto es probable que nos convirtamos en jefes con nuestra agenda y la de nuestros colaboradores operando en sincronía - o en conflicto.

Por supuesto, nuestra agenda tiene prioridad sobre la agenda de nuestros colaboradores. Somos los jefes de nuestra inversión. Nuestras necesidades son más importantes. Este comportamiento hace que las necesidades se vuelven inequitativas. El personal empieza a hacer preguntas similares:

¿Qué quiero de este trabajo?
¿Por qué lo aceptaría y mantendría a largo plazo?
¿Cuándo serán satisfechas mis necesidades y aspiraciones?
¿Quién me ayudará a tener éxito aquí?

Ese último factor "Quién" puede competir con nuestra agenda. Si le dedicamos tiempo y esfuerzo a las necesidades de nuestros colaboradores, podemos distraernos y dedicar menos tiempo y esfuerzo a nuestras propias misiones.

> *Dato de interés: Si tratamos a nuestro equipo de trabajo como queremos ser tratados, el factor "Quién" no nos distrae, sino que atrae a nuestro personal. El personal sube al barco, permanece en el y rema con fuerza.*

> *Dato de interés:* ♪♪ *I would do anything for love* ♪♪ (Haría cualquier cosa por amor) *Meatloaf* (*QEPD*)

El personal decide lo que es mejor para ellos, incluyendo el quedarse o renunciar. Cuando las personas se van, la empresa perdió la batalla en sus mentes. Los trabajadores dejan a los jefes que no los aprecian. El personal que trabaja con gerentes que estimulan sus motivadores intrínsecos se mantiene firme a largo plazo. ¿Cuál es la realidad para su personal de primera línea?

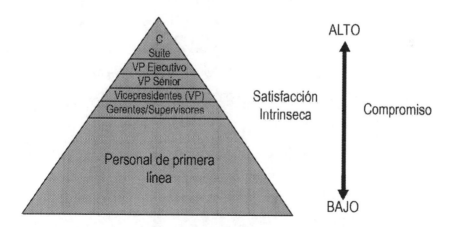

Ellos representan el 80 % de la mayoría de las empresas. ¿Cuál es el costo total de la nómina de su empresa? Si se redujera en una cifra conservadora del 5 % de los ingresos, ¿cuánta ganancia adicional se obtendría? Ese es su Retorno de la Inversión del Comportamiento: cómo lo alcanza y lo mantiene.

18

LAS NUEVAS ESTRATEGIAS DE LA ALTA DIRECCIÓN

"Los Directores Generales Financieros (CFO) inteligentes utilizan la tecnología para cambiar el enfoque de su equipo de trabajo de transacciones y reportes hacia pensamiento estratégico".

CFO UNIVERSITY

Dato de interés: "Nadie ha acudido al departamento financiero para recibir un mejor trato". HR Staffer

¿SE PUEDE IMAGINAR EL LECTOR que el departamento de finanzas se involucrara en el trato que debe darse a los trabajadores? Sabemos cómo se correlaciona la forma en que los gerentes manejan las necesidades laborales con las ganancias o las pérdidas. ¿Continuarán ignorando los CFO el impacto que tienen los intangibles en los resultados financieros anuales? Si esta no es su responsabilidad fiduciaria primaria, ¿de quién es? Las métricas intangibles no son un intruso en el departamento de finanzas. Tienen un nivel de importancia tan alto como el margen bruto y el control de gastos. Los controladores financieros deben controlar todo aquello que contribuye a las ganancias. Es su bebé, pero hasta ahora está en el hogar adoptivo de recursos humanos.

Después de implementar la equidad en las necesidades en su empresa, las proyecciones de ganancia a tres años podrían ser hasta un 100 % más altas, si se mantienen iguales todos los factores relevantes. Se espera que el índice de productividad disminuya cinco puntos porcentuales al final del tercer año. Esto contribuirá, aproximadamente, un 5 % adicional de los ingresos a las ganancias. Si la empresa estaba obteniendo un 6 % de ganancia neta, al final del tercer año obtendrá aproximadamente un 11 %, lo que representa un incremento del 83.3 % en las ganancias. Los usuarios encuentran su propio punto óptimo de cuán bajo puede llegar a ser su PI, pero aún hay más ganancias para extraer.

Las proyecciones basadas en una nueva estrategia de productividad permiten a los gerentes revisar los objetivos de desempeño. Nuestros ejemplos de resultados son aproximaciones razonables para la proyección. Un manto de propiedad, expresado a través de propósito, disciplina, sinceridad y buena comunicación, sustenta el éxito. El CEO y el CFO son responsables del margen bruto y del control de gastos; por lo tanto, son responsables del retorno de la inversión del comportamiento proveniente de la equidad de necesidades que se encuentra en su tercer cubo (PI).

Rol del Director General:

1. Después de asimilar el contenido de "El Gerente de la Milla Extra", los CEO deberían asignarlo al CFO para su lectura, comprensión, discusión e implementación.
2. El Consejo Administrativo debe ratificar la política de equidad de necesidades. No se trata de ceder ante la demanda ni de complacer. Es racional, justo y está en el mejor interés de los colaboradores y de la empresa.
3. El CEO debe enviar un correo electrónico personalizado a todos los colaboradores y gerentes para presentar la política de equidad de necesidades, incluyendo su propósito y beneficios.
4. El CEO debe reunirse con sus reportantes directos y prepararlos para ejecutar la política y las actividades que impulsan y sostienen los cambios.

5. Al haber obtenido el control de los intangibles, los CEO pronostican mayores ganancias. ¿Cómo se incorporarán a los planes estratégicos las nuevas ganancias que ingresen al sistema? ¿Cómo serán utilizadas las ganancias adicionales, en crecimiento, participación en el mercado, investigación y desarrollo? ¿Qué porción de las ganancias adicionales se comparte con los colaboradores y gerentes que lograron los resultados?

6. Debe encontrar una manera de involucrar a los colaboradores en la formulación de planes. Se convierten en socios de las ganancias. Sus puntos de vista pueden modificar los objetivos y aumentar la colaboración y la motivación. Trabaja para superar la mentalidad de "nosotros y ellos".

Rol del Director General Financiero:

1. El CFO es responsable de calcular el índice de productividad de referencia. Por lo general, esto se basa en la relación entre la nómina y los ingresos del último año fiscal. Si el último año fuese anómalo, se puede utilizar el promedio de los últimos dos o tres años. El número final ($ Nómina ÷ $ Ingresos = PI) debe ser calculado cuidadosamente. Es el punto de partida financiera en la productividad corporativa. Las métricas de PI futuras serán comparadas con la referencia. Elabora las proyecciones de ganancias con base en las nuevas fuentes controladas de ganancias (el tercer cubo).

2. El departamento financiero se encargará de mantener el PI para la empresa y de cada departamento. Los gerentes de departamento deben colocar en un área accesible para todo el equipo los gráficos de PI que reciben del departamento de finanzas. La conciencia (mencionada anteriormente) es esencial; la visibilidad la mantiene.

3. Planificar tres Encuestas *Smart16* por año fiscal:

   - Evidencian las brechas de equidad de necesidades. Las curvas en forma de campana de la satisfacción de necesidades se desplazarán hacia la derecha, (incremento de la satisfacción de necesidad). Simultáneamente, los punteos del Índice de Productividad deben reflejar una disminución en la relación entre la nómina y los ingresos.

- Las anomalías deben ser investigadas por las cadenas de mando y desarrollar planes de acción para mejorar las métricas.
- Se debe premiar la tendencia a la baja del PI. Coordinar con el departamento de recursos humanos. Promocionar públicamente a los departamentos con mejor ejecución. ¿Con cuánto contribuyó el ahorro en nómina a la ganancia?
- Los gerentes no compiten con otros gerentes de departamento; únicamente contra ellos mismos para mejorar el punteo anterior.

4. Coordinar con los gerentes de departamento para incluir el PI en las agendas de reunión. Proporcionar las métricas necesarias.
5. Se asegura que los gerentes financieros y su equipo de trabajo tomen todos los cursos en línea y pongan un ejemplo a los otros departamentos en cuanto a la equidad de necesidades y ahorros en pago de nómina.

Rol del Director General de Recursos Humanos:

1. *Actualizar el descriptor de puesto de los gerentes*: el departamento de recursos humanos trabaja con el CEO y CFO para incluir en sus descriptores de puesto la política de equidad de las necesidades y desempeño.
2. *Reestructurar las evaluaciones de desempeño de los gerentes* asignando un 25 % del punteo final a *Smart16* y a los índices de productividad del departamento.
3. *Preparar la base de datos para las Encuestas Smart16*: debe mantener la base de datos actualizada. Coordinar con la empresa de consultoría autorizada para cargar la base de datos para la distribución de las Encuestas *Smart16* programadas. Se proporciona plantilla en *Excel*.

4. *Planeando la logística*: debe incluir la certificación de los gerentes al Taller del Tercer Cubo de Ganancias, de dos días de duración, sobre la Encuesta *Smart16* y *DiaplanU* (Universidad en Línea).

5. *Mantener registros de los punteos obtenidos en Smart16*: incluye punteos, capacitaciones en línea, emisión de informes de Sistemas de Administración del Aprendizaje (LMS), certificados de capacitación presencial y premios por índices de productividad decrecientes.

6. *Dar premios y bonificaciones a los Gerentes de la Milla Extra en los punteos (80 por ciento) de las Encuestas Smart16:* así como se ha incorporado en la política, se debe compartir un porcentaje de las ganancias adicionales con todo el personal. Usted quiere repetir ese desempeño.

7. *Enlazar la alta gerencia y el personal administrativo y operativo*: colaborar con los departamentos operativos en la implementación del sistema y de los asuntos relacionados con gerencia / colaboradores.

Roles compartidos en la alta dirección: La equidad de las necesidades es una transformación de la cultura. Empieza como una iniciativa que va desde arriba hacia abajo, pero sus efectos son de reciprocidad positiva de abajo hacia arriba – compromiso. Demostrar a los colaboradores que sus necesidades son tan importantes como las de los gerentes, genera una nueva perspectiva de la empresa y su administración. La dirección lo ha hecho para tener un juego justo.

Además, el enunciado 23 de la Encuesta *Smart16* es una pregunta abierta: *Si la organización o su jefe inmediato pudiera hacer una cosa para que usted estuviera más feliz en su trabajo, ¿cuál sería?* Vemos respuestas expresadas en oraciones simples, párrafos o historias cortas. Queremos escucharlas. Muchas de ellas son favorables, algunas de ellas nos hacen reflexionar.

El personal espera acciones derivadas de sus aportes. Debemos estudiar las respuestas, incluirlas en listas de tareas pendientes, luego se tomarán medidas y se informará al personal. Hay muchos más colaboradores que gerentes. La colectividad, con mayor motivación, tiene un impacto en los resultados financieros similar a contratar un 20 % más de personas que trabajen arduamente, de forma gratuita.

Punteos bajos en la satisfacción de necesidades pueden surgir de gerentes con baja inteligencia emocional (EQ, por sus siglas en inglés para *emotional intelligence*). Algunos gerentes son menos sensibles a las necesidades laborales de su personal. Bajo el concepto de equidad de necesidades, el dolor de permanecer igual será mayor que el dolor debido al cambio. Los punteos bajos son un fuerte llamado a buscar más satisfactores intrínsecos. La alta dirección, de manera diplomática pero inflexible, lidera a los gerentes con baja inteligencia emocional para que mantengan el estándar de equidad de necesidades.

Los gerentes con EQ más elevada, están anuentes a recibir retroalimentación y coaching. El personal tiene una buena respuesta hacia su mayor nivel de empatía. Los colaboradores saben que sus voces están siendo escuchadas. Esto, más que cualquier otro factor, transforma la cultura de las empresas. Usted se remangó las mangas por ellos. Si no se sintió cómodo o normal, se sentirá en la medida que usted lo siga haciendo. El pensamiento (y el cerebro) cambia a medida que practicamos las habilidades sociales.

Usted ya se habrá dado cuenta cómo funciona una empresa, mediante el *comportamiento*. Es lo que el personal necesita y desea. ¡Es motivación! La alta dirección será respetada en la medida que reestructure sus prioridades para atender mejor las necesidades del personal, evitando la fanfarronería y sin buscar elogios por su compasión. Hágalo porque el personal necesita y desea las mismas cosas que los ejecutivos de la alta dirección. Pregúntese lo siguiente: *¿Estoy proporcionando siempre liderazgo y apoyo?* Si el personal piensa que *sí lo hace*, entonces ellos se convierten en su activo más importante.

19

DE LA POLARIZACIÓN HACIA LA COOPERACIÓN

"La verdadera prueba de carácter es vivir con mentalidad de ganar-ganar incluso cuando se asciende a posiciones en las que existe la posibilidad de ganar-perder".

ORRIN WOODWARD

PROFUNDICEMOS MÁS EN LA EQUIDAD de necesidades. Es un cambio importante en la cultura de la visualización de los colaboradores dentro de la organización. La justificación para un cambio en la cultura es contundente: la vida laboral de los colaboradores es muy distinta a la de los gerentes. La disparidad es muy marcada.

Algunos gerentes adoptan una dicotomía errónea: la autoridad es superioridad, la subordinación es inferioridad. Esto alimenta la mentalidad de "nosotros-ellos". Una actitud inteligente es tomar en cuenta la capacidad del personal para lograr un impacto positivo en los resultados. Ellos representan el 80 % de la fuerza laboral. Resulta demasiado caro para la empresa que el personal funcione con la mitad de sus "cilindros". Tan pequeñas como son, cada hormiga en un hormiguero, cada abeja en una colmena, aseguran la supervivencia de todos. Todos tenemos las mismas 16 necesidades laborales y todos merecemos satisfacción. El personal empieza a decir "nosotros" cuando nivelamos el terreno de juego intrínseco. Sus otros "cilindros" entran en acción.

La satisfacción intrínseca y el compromiso del personal se entrelazan. La disparidad en la satisfacción intrínseca incrementa la rotación del personal, mientras que la rotación de los gerentes se mantiene baja y estable. Los costos de reclutamiento y capacitación, debido a la rotación del personal, eclipsan el costo debido a la rotación de los gerentes. Las personas permanecen durante períodos largos cuando crecen, cuando su trabajo es gratificante. Veamos una analogía:

El líder conduce la bicicleta, selecciona el destino y la ruta a seguir. Quienes lo siguen no pueden escoger ningún aspecto relacionado a su satisfacción. Su visión es restringida y nunca cambia. Puede ser que su esfuerzo no se note ni sea reconocido.

Las necesidades extrínsecas, como refrescos y paradas para descanso, pueden pasarse por alto. Los deseos intrínsecos como la participación en las decisiones que les afectan, el logro de su mejor desempeño en tiempo y distancia, o visitar destinos interesantes, pueden estar insatisfechos. ¿Estarán comprometidos a largo plazo? ¿Cuánto tiempo seguirán pedaleando con fuerza?

Estos factores de satisfacción intrínseca están disponibles para los gerentes, pero no para el personal de reciente ingreso y quienes ocupan los primeros peldaños en la pirámide organizacional:

Confianza de la gerencia	Mayor visibilidad, poder de influencia
Autoridad delegada con poder de decisión discrecional.	Acceso a información confidencial, a planes corporativos, tienen poder para influenciar.
Autonomía y flexibilidad en el manejo de tareas	Elegible para bonificaciones de la gerencia
Mayor variedad en tareas; asignaciones especiales	Participación en planes de sucesión
Camaradería con los gerentes sénior	Seminarios y viajes de trabajo

¿Cómo puede estar completamente comprometido el personal de los primeros peldaños en la pirámide dentro de la organización? ¿Cómo podemos prepararlos para avanzar, de manera que haya más factores de satisfacción disponibles en el futuro? Hay estrategias específicas que activan los motivadores 9 al 16 del *Smart16*. Los gerentes que utilizan este Sistema pueden revisarlas en su informe de coaching del gerente y comenzar a aplicarlas. Los Lectores pueden utilizar las siguientes estrategias para cerrar brechas intrínsecas:

MOTIVADORES INTRÍNSECOS *SMART16*	ESTRATEGIAS PRÁCTICAS, ORIENTADAS A CERRAR BRECHAS
9. Hacer un trabajo que me interesa, desafía y requiere de mis mejores habilidades.	¿Cuáles tareas resaltan las mejores habilidades de cada persona? ¿Son estas las tareas que a las personas más les gusta hacer? ¿Están disponibles en su área? Los desajustes ocurren cuando las habilidades no se evalúan durante el proceso de contratación. El *Predictive Index*™ (Índice de Predicción) alinea las tareas con los perfiles de comportamiento. El *Telos Skills Inventory*™ (Inventario de Habilidades Telos) evalúa una amplia gama de habilidades laborales. Cambiar de lugar de trabajo a una persona puede ser beneficioso para ambas áreas. Las brechas en *Smart16* persisten si no se abordan. Pida ayuda al departamento de recursos humanos.

10. Desarrollar mi competencia, conocimiento, habilidades y experiencia a través de mi trabajo.	Capacitación cruzada, cubrir temporalmente al supervisor, asignaciones especiales adaptadas a las habilidades e intereses, aumentan la motivación y la satisfacción laboral. Capacite al personal para realizar, progresivamente, tareas de mayor responsabilidad. Establezca desafíos creativos para mejorar los procesos de trabajo o los resultados. Recompense las buenas ideas.
11. Tener autonomía y autoridad para hacer mi trabajo como mejor lo considere.	Capacitar en todas las áreas de trabajo, luego delegar la rendición de cuentas y responsabilidad por los resultados. Establecer expectativas claras sobre estándares, cantidad y calidad.
12. Saber que mi trabajo contribuye a los objetivos de la organización.	Utilizar diagramas de flujo para mostrar cómo contribuye su trabajo con los resultados del departamento y que estos respaldan los objetivos comerciales de la empresa y la satisfacción de los clientes.
13. Recibir reconocimiento y recompensas por mi desempeño.	Demuestre su aprecio. Utilice las reuniones de personal para elogiar a los miembros del equipo frente a sus compañeros. Sea específico en cuanto a por qué es importante. Recompense proporcionalmente al desempeño. No pierda oportunidades para dar retroalimentación positiva. Eso apoya el desempeño futuro.
14. Tener una buena relación con mis colegas y tener su respeto.	Fomentar el espíritu de equipo (el "nosotros"). Utilizar actividades de trabajo en equipo para fomentar la colaboración. Establecer el sentido de pertenencia del equipo sobre los resultados del área o departamento. Durante las reuniones de personal, resaltar la contribución individual. Motivar la participación de los miembros del equipo que son más reservados. Brindar a todos la oportunidad de destacar. Fomentar la expresión de sentimientos para que nadie se sienta emocionalmente aislado.

15. Participar en la toma de decisiones y que mis sugerencias sean valoradas.	Solicitar la opinión del personal en decisiones en las que tengan algún interés o participación. Reconocer las contribuciones. Retroalimentar sobre los buenos resultados gracias a su aporte. Dar reconocimiento público.
16. Tener la oportunidad de avanzar y lograr mi propósito de vida.	Conocer los sueños y deseos de cada miembro del equipo de trabajo. Fomentar la discusión de propósitos, objetivos de vida y metas para alcanzar en el camino. Comparta la visión de la empresa. ¿Cómo contribuye su trabajo para alcanzar la visión de la empresa y la propia?

El resto de este capítulo es una muestra de un comunicado del CEO dirigido a todos los colaboradores. Está personalizado utilizando el nombre de cada colaborador o gerente. Les informa sobre la decisión de la empresa de implementar una política de equidad de necesidades, los cambios relacionados con su implementación y los beneficios que obtendrán los colaboradores y la empresa.

Membrete de la Empresa

Estimado (nombre del colaborador o del gerente):

Nuestra empresa, (nombre de la empresa) ha decidido implementar la "política de equidad de necesidades". La inequidad en las necesidades laborales no es un ganar-ganar y provoca tensión en las relaciones entre la gerencia y el personal. Sus necesidades laborales son tan importantes como las del gerente de su área y las necesidades de la empresa. Si los gerentes de su departamento no han satisfecho sus necesidades laborales, es probable que no conozcan con detalle cuáles son esas necesidades o cómo satisfacerlas de la mejor manera.

Estudios prolongados que han tenido décadas de duración han identificado 16 necesidades laborales universales y cruciales, que pueden ser de dos tipos: extrínsecas e intrínsecas. Hay ocho de cada una de ellas incluidas en la siguiente tabla. Si cada uno de sus motivadores fuera satisfecho, analice cómo impactaría su motivación y desempeño:

Motivadores Extrínsecos: Necesito…	Motivadores Intrínsecos: Deseo…
1. Recibir un trato justo y equitativo con otros.	9. Tener un empleo que me resulte interesante, sea retador y utilice mis mejores habilidades.
2. Ser aceptado en mi grupo.	10. Poder desarrollar mis competencias, conocimiento, destrezas y experiencia a través de mi trabajo.
3. Tener las herramientas, recursos, información e instrucciones necesarias para hacer mi trabajo.	11. Tener la autonomía y autoridad de hacer mi trabajo como mejor lo considere.
4. Que confíen en que haré un buen trabajo.	12. Saber que mi trabajo está contribuyendo a alcanzar los objetivos organizacionales.
5. Saber, en todo momento, lo que mi jefe espera de mí.	13. Obtener reconocimiento y recompensas por mi desempeño.
6. Tener un jefe que me apoya y ayuda a resolver los problemas que me afectan.	14. Tener una buena relación con mis colegas y tener su respeto.
7. Tener mi unidad de trabajo o departamento bien organizado.	15. Participar en decisiones y que mis sugerencias sean valoradas.
8. Recibir un buen salario y beneficios, así como una evaluación de desempeño justa.	16. Tener la oportunidad de crecer y lograr mi propósito de vida.

Desde ahora, todos los gerentes de la empresa tienen esta lista *Smart16* en su descriptor de puesto. Se le pedirá que tome la Encuesta *Smart16* la cual identifica las brechas de necesidades que deben ser atendidas por el gerente de su área. Las 16 necesidades son una realidad para todos los colaboradores, pero qué tan fuerte o cuán seguido surgen, varía de una persona a otra. Toma 12 minutos llenar la encuesta en un teléfono inteligente, tableta o computadora. El informe de coaching del gerente, preparado a partir de la encuesta, proporciona las estrategias que adaptan los satisfactores a su necesidad personal.

Por supuesto, todos los gerentes también tienen todas estas necesidades. Su supervisor inmediato es responsable de satisfacer sus necesidades laborales. Yo, como CEO, también debo rendir cuentas por la satisfacción de las necesidades laborales de mis reportantes directos. Cada cadena de mando supervisará la satisfacción de las necesidades de todos sus integrantes.

Una parte fundamental del Sistema de equidad de necesidades es la universidad en línea llamada *DiaplanU*. El gerente de su área desarrollará las habilidades necesarias para guiarlo y apoyarlo en el momento y de la forma que usted lo necesite. La universidad también cuenta con un programa para los colaboradores. Usted va a adquirir habilidades profesionales que lo impulsarán hacia el éxito y permitirán el desarrollo de su carrera dentro de la organización.

Usted tiene habilidades por las que fue elegido para unirse a nuestra empresa. Nos comprometemos a su desarrollo personal y profesional. El gerente de su área discutirá con usted las oportunidades de desarrollo. Estas lo prepararán para enfrentar desafíos más grandes y avanzar en su carrera. Cada 4 meses, usted podrá informar a su jefe qué tan bueno es su desempeño gerencial a través de esta encuesta. Esto se hace anónimamente. Cuando el gerente de su área revisa los resultados con el equipo, se discuten las brechas de satisfacción y se proponen soluciones a través de lluvias de ideas. Cuando sus brechas personales estén en la mira, describa cómo afectan su rendimiento. Cuando se soliciten soluciones, presente su propuesta. Probablemente usted no es el único con una necesidad específica.

El Sistema de equidad de necesidades mejora la productividad y la ganancia. Como tal, es una herramienta *financiera*, que nos pertenece al CFO y a mí, con el apoyo que brindan todos los gerentes y colaboradores. La empresa es más próspera en la medida que controlamos los insumos de comportamiento que generan valor. Los impedimentos para su desempeño son sustituidos por oportunidades de satisfacción laboral.

Los fundadores de (el nombre de la empresa) tuvieron un sueño. A medida que ese sueño se fue materializando, sus habilidades fueron fundamentales para el crecimiento de la empresa. Usted también tiene un sueño. Deseamos conocerlo y hacer todo lo posible para ayudarlo a alcanzarlo. (Ver el motivador intrínseco número 16 en la tabla correspondiente en este capítulo). Los motivadores 9 al 16 son los que realmente nos encienden. Al aprovechar su poder a través de las oportunidades de satisfacción, no hay límite para lo que podemos lograr juntos.

Dentro de usted hay un pequeño genio a la espera de poderse expresar. Conocer el propósito de su vida y tener la pasión por lograrlo, permite que ese genio se manifieste. Nadie más puede ser usted ni utilizar sus habilidades tan bien como lo hace usted.

Muchas gracias por las contribuciones que ha hecho hasta ahora. A medida que hagamos un mejor trabajo en la satisfacción de sus necesidades, permita que sus habilidades brillen para que todos podamos verlas. Si hay algo que podamos hacer mejor, nos gustaría saberlo. La empresa y yo deseamos que su carrera profesional con nosotros sea muy exitosa o donde usted crea que pueda alcanzar su propósito.

Nombre y firma del CEO

20

REALIDAD DE LA EQUIDAD DE LAS NECESIDADES

*"La fuerza radica en las diferencias,
no en las similitudes".*

STEPHEN COVEY

Un beneficio social importante de la satisfacción de las necesidades laborales *Smart16* es que se alcanza la equidad entre los miembros dentro del equipo de trabajo y entre el equipo de trabajo y sus gerentes. En mi investigación en Sudáfrica, durante el período del *apartheid,* la satisfacción de varias necesidades intrínsecas para todos los grupos raciales redujo su rotación del 56 % al 26 % en un año. Esto se mantuvo posteriormente. Retener a ¾ del personal en una determinada posición laboral ahorró a la empresa una gran cantidad de dinero durante los siguientes 17 años. El siguiente capítulo relata esa investigación y la evaluación de campo, sobre las necesidades laborales.

A medida que se cierran las brechas en las necesidades laborales de cada grupo, los sentimientos de exclusión o minimización se disipan. La equidad en las necesidades anula o reduce los prejuicios manifiestos e inconscientes. Las encuestas futuras de *Smart16* indican el grado de cumplimiento o indiferencia hacia los objetivos sociales de una empresa.

En la siguiente tabla, las estrategias efectivas se enfocan en la equidad de las necesidades a lo largo del espectro de motivadores laborales:

Motivadores: yo Necesito (1-8); yo Deseo (9-16)	Estrategias para la Equidad de Necesidades
1. Recibir un trato justo y equitativo con otros.	Los problemas pueden surgir de sesgos evidentes o inconscientes, lo que provoca un trato no equitativo. Redireccione al personal aclarando las necesidades de equidad. Obtenga apoyo proactivo para políticas e iniciativas sociales. Afiance las competencias de apoyo. Monitoree y refuerce el progreso frente al estándar de equidad en las necesidades.
2. Ser aceptado en mi grupo.	Los sesgos evidentes o latentes obstaculizan la inclusión. Enfatice la política sobre la persona: nadie debe ser menospreciado en cuanto a su valor. Guíe a los grupos muy cerrados para que integren a nuevos miembros y a minorías. Promueva actividades en equipo para mostrar los talentos y contribuciones de todos. Recompense de manera justa y equitativa.
3. Tener las herramientas, recursos, información e instrucciones necesarias para hacer mi trabajo.	El favoritismo evita que el apoyo y la asignación de recursos sean equitativos. ¿Quién carece de algo necesario? ¿Se debe a usted? Provea de manera equitativa a todos para cerrar las brechas de necesidades individuales.
4. Que confíen en que haré un buen trabajo.	Confiar en todos afianzará las relaciones. Asigne tareas y responsabilidades de forma equitativa. Incluya a todo el equipo en las expresiones de confianza.
5. Saber, en todo momento, lo que mi jefe espera de mí.	Las comunicaciones son igualmente vitales para todos. Asigne tiempo, de forma equitativa, para compartir las expectativas. Indague acerca de las preocupaciones para cumplirlas. Apoye según lo requieran las personas independientemente de sus diferencias.

6.	Tener un jefe que me apoya y ayuda a resolver los problemas que me afectan.	Intervenga cuando se manifiesten los problemas. Tenga reuniones uno a uno, investigue la naturaleza y causas del problema. Aplique la política de manera justa para encontrar la solución. Busque ayuda de RH y de su jefe si persiste el problema. Mantenga una política de puertas abiertas para las quejas.
7.	Tener mi unidad de trabajo o departamento bien organizado.	Organice el trabajo y los recursos equitativamente con base en el mejor interés individual y de la empresa. Responda a las brechas de *Smart16* a través de reuniones uno a uno y grupales para recibir las aportaciones de todos.
8.	Recibir un buen salario y beneficios, así como una evaluación de desempeño justa.	Debe haber equidad en salario, beneficios y evaluación del desempeño sin distinción por raza, género, orientación sexual o etnicidad. Sea estricto y cuidadoso para aplicar la política relacionada con estos temas sensibles.
9.	Hacer un trabajo que me interesa, desafía y requiere de mis mejores habilidades.	Las habilidades son distribuidas equitativamente en la población. Las oportunidades para aplicarlas pueden no serlo. Asigne trabajo personalizado con base en los talentos y habilidades individuales. Se logra hacer más. Cada persona debe tener una oportunidad equitativa para alcanzar satisfacción.
10.	Desarrollar mis competencias, conocimiento, habilidades y experiencia a través de mi trabajo.	Expandir las habilidades individuales los mantendrá comprometidos. Hágalos crecer con proyectos desafiantes y personalizados; capacítelos continuamente en tareas más complejas. Delegue parte de su trabajo a cada colaborador para estimular su crecimiento.
11.	Tener autonomía y autoridad para hacer mi trabajo como mejor lo considere.	Ser su propio jefe es motivador. Da lugar al auto emprendimiento. Ser el dueño de las tareas inspira la creatividad y la innovación. Las habilidades naturales se amplifican. Se desarrolla la confianza.

12. Saber que mi trabajo contribuye a los objetivos de la organización.	El personal desarrolla autoestima al conocer el impacto de su trabajo. Explique cómo su labor afecta los resultados de sus colegas y de la cadena de trabajo. Refuerce el valor individual.
13. Recibir reconocimiento y recompensas por mi desempeño.	Sea equitativo al brindar oportunidades, reconocimiento y recompensas. El desempeño varía según la oportunidad, habilidad, orientación y soporte. Permita las condiciones óptimas para que todos obtengan recompensas.
14. Tener una buena relación con mis colegas y tener su respeto.	Los sesgos interpersonales inhiben la política social y sus objetivos. Todos los integrantes de un equipo tienen las mismas obligaciones para fusionarse al equipo a través del respeto, apoyo y colaboración. Debe haber un balance entre el dar y recibir. Aplique la política correspondiente.
15. Participar en la toma de decisiones y que mis sugerencias sean apreciadas.	El personal da aportes valiosos sobre su trabajo. Las iniciativas de arriba hacia abajo necesitan la aceptación de abajo hacia arriba. Solicite equitativamente las ideas y soluciones de todos los miembros del equipo de trabajo. Colabore para aumentar la participación y los acuerdos.
16. Tener la oportunidad de avanzar y lograr mi propósito de vida.	Las aspiraciones de tener un mejor trabajo y una vida plena con propósito son necesidades laborales universales. Los procesos de reclutamiento, promoción y las oportunidades deben reflejarse estadísticamente según la composición de la población en cuanto a raza, etnicidad y género.

La equidad de las necesidades beneficia a cada género, etnia y orientación sexual. La política de equidad de necesidades lo demanda. Se cierran las brechas debidas a sesgos u otros factores. Cuando el lugar de trabajo fomenta respeto mutuo y armonía, las personas se adaptan a esa norma. Es de su interés económico y social.

Cada estrategia se promueve a través de *DiaplanU*. Los comportamientos ofensivos se erosionan mientras se desarrollan los inclusivos. Cuidar a nuestros vecinos, tal como son, llena el tercer cubo de ganancia. Pasar por esa experiencia cambia la perspectiva de un gerente sobre lo que está haciendo y por qué lo está haciendo.

> *Dato de interés: Las abejas, pequeñas trabajadoras, polinizan las plantas que alimentan al mundo. Ellas obtienen toda la miel que necesitan para hacer su trabajo. Imagine si no fuera así.*

Permita que fluya la miel *Smart16* a cada "abeja" en porciones equitativas. Cada uno hace un trabajo crítico.

La Experiencia como Colaborador

Una relación sostenible y diferenciada se trata, en parte, de beneficios, políticas y programas. Más bien, amplía la consideración de las necesidades de los colaboradores a la experiencia de toda la fuerza laboral. Todo, desde el trabajo significativo, el bienestar, el crecimiento personal y profesional, está sobre la mesa.

La relación tampoco puede ser unilateral. Para que un gerente pueda abordar toda la experiencia de la fuerza laboral, necesita tener una comunicación constante con los colaboradores acerca de lo que es importante para ellos y por qué lo es. El objetivo es involucrar a los colaboradores en un diálogo que brinde al jefe una visión de lo que realmente los motiva y da a los colaboradores una voz significativa acerca de estos valores más profundos. (https://www2.deloitte.com/ us/en/insights/focus /human-capital-trends/2021/the-evolving employer-employee-relationship.html)

Amor y Ganar-Ganar

La motivación intrínseca no se correlaciona con la raza, etnicidad o género de una persona. Todos somos iguales. Los gerentes pueden satisfacer sus motivadores intrínsecos mejor de lo que puede hacer su equipo, independientemente de su composición. Pero estamos cerrando esa brecha. Los gerentes deben dedicar tiempo para trabajar con cada miembro del equipo y familiarizarse con sus problemas y discutir formas de enriquecer su trabajo. Asignarles tiempo significa cuidar con cariño. No hay justificación para no hacerlo.

La política de equidad de necesidades incentiva a los gerentes a mostrar altruismo. ¿Qué contenido laboral, desarrollo personal, nivel de autonomía, reconocimiento o metas de vida inspirarán a cada colaborador de forma individual? Tomará tiempo definir la mezcla adecuada (capítulo 6). Cuando el ganar-ganar prevalece, todo el personal está tan intrínsecamente satisfecho como su jefe; o como mínimo, está avanzando constantemente hacia ese objetivo.

21

MÉTRICAS DE ÁFRICA

*"La preocupación fundamental por los demás
en nuestras vidas individuales y comunitarias,
contribuirá grandemente para hacer del mundo el
mejor lugar que, con tanta pasión, soñamos tener".*

NELSON MANDELA

¿SE PUEDE LOGRAR LA EQUIDAD de las necesidades en un país donde gobierna la política de inequidad? Definitivamente, no. ¿Será posible lograr un avance hacia la equidad? La oportunidad para intentarlo llegó en los primeros años de la década de 1980, mientras trabajaba para *Beares Ltd.*, en Durban, Sudáfrica, donde inició esta historia.

Bruce Hopewell, director de recursos humanos y miembro de la junta directiva de la empresa, llegó al departamento de capacitación para discutir un problema conmigo. Estábamos conmocionados por una rotación de personal del 56 % en el departamento de crédito de nuestras tiendas de venta de muebles. Estaba consciente del problema, ya que constantemente estábamos impartiendo capacitaciones de asesoría crediticia y préstamos, para ayudar a los clientes a comprar muebles al crédito. Era una estadística costosa ya que había aproximadamente 2,000 especialistas en crédito, quienes desempeñaban ese rol a nivel nacional. Varios estudios determinaron que reemplazar a un miembro del personal de nivel inicial era equivalente a dos meses de salario.

Bruce me preguntó si la capacitación podría reducir ese costo. Le respondí que lo pensaría. La empresa tenía 16 gerentes, administrativos regionales, quienes supervisaban las oficinas de crédito. Los invité al departamento de capacitación para una actividad de un día de duración que consistía en una lluvia de ideas sobre la rotación de personal.

Antecedentes

Las oficinas de crédito eran dirigidas por *head ladies* (señoras supervisoras*)*. Ellas eran responsables de sus áreas, bajo la supervisión de los participantes en la lluvia de ideas. El perfil de una *head lady* era: edad comprendida entre los cuarenta y sesenta años, ex ama de casa con hijos que ya habían dejado el hogar, por lo que venían a trabajar con nosotros. Ninguna tenía experiencia en administración de personal, aunque las capacitábamos en la gestión y cobro de créditos. Debido a que el trabajo era minucioso y los errores eran costosos, la supervisión era cercana y crítica. No estábamos perdiendo a las *head ladies* sino a su personal, a más de 1,100 personas cada año.

Evaluar el riesgo crediticio entre las personas nativas era desafiante. Afortunadamente, *Beares* era tan justa y considerada como podrían esperar los solicitantes de crédito. Sin embargo, los incumplimientos y el trabajo de cobranza podían ser sensibles y costosos.

Hice labor de investigación en preparación para la sesión de trabajo planificada para un día completo. Encontré un artículo que analizaba la rotación de personal a nivel nacional en los Estados Unidos de América. El autor citó la investigación del antropólogo social Robert Ardrey, quien vivió durante varios años en Sudáfrica. Ardrey analizó las estadísticas de la rotación de personal en los EE. UU. desde el punto de vista psicológico. Desde el año 1929, cuando ocurrió la caída del mercado de valores hasta 1945, final de la segunda guerra mundial, encontró que la rotación de personal era casi cero. Después del colapso del mercado de valores vino la gran depresión, agravada por la calamidad de tormentas de polvo en el corazón de los Estados Unidos en la década de 1930. Posteriormente, el mundo estuvo en guerra desde 1939 hasta 1945. Quienes tenían empleos se aferraron a ellos, en tanto que el desempleo llegó a un 50 %. Tan pronto como terminó la guerra, la rotación de personal comenzó a aumentar rápidamente. En pocos años, alcanzó niveles que son comunes en la industria actual. Encontré intrigante la conclusión de Ardrey sobre este fenómeno:

"La mente hambrienta había reemplazado al estómago hambriento".

Las personas empezaron a demandar más de sus trabajos. Él lo había comprendido perfectamente, pero no me di cuenta en ese momento. Era temprano en la mañana y la reunión estaba a punto de empezar. Hice una anotación en mi agenda, sobre la zona horaria de las 9 a. m. - "Mentes hambrientas, estómagos hambrientos"- pero luego lo olvidé. A lo largo del día exploramos la contratación, la formación, la capacitación durante el trabajo, gestión y supervisión, salario, beneficios y la competencia. Nada destacaba. Nuestra competencia tenía estadísticas similares. Quizás teníamos que aprender a vivir con ello.

Cerca de las 3:00 p. m. di un vistazo a mi agenda y vi la cita de Ardrey. Compartí con el grupo el escenario de los Estados Unidos de América para discutir los posibles factores psicológicos en juego. ¿Era factible que aquí, las mentes hambrientas provocaran la rotación de personal? La idea era lo suficientemente curiosa para ampliar nuestra discusión. Mientras más profundizábamos en ello, más prometedor parecía ser. (Note que el enfoque de la reunión estaba cambiando de motivadores extrínsecos a intrínsecos). Empezamos a revisar lo que los expertos habían concluido acerca de la motivación. A continuación, una recapitulación de las últimas dos horas de la actividad.

El primer participante fue Abraham Maslow. Resumí sus conclusiones: La motivación es satisfacer una jerarquía de necesidades en secuencia desde abajo hacia arriba. Los niveles 1 al 3 se relacionan con la supervivencia. Los niveles 4 y 5 son el deseo de prosperar. A pesar de que este resumen cita los dos tipos de motivadores presentes en las listas de los gurús, en ese momento no los habíamos identificado. Tampoco lo había hecho Maslow bajo los términos que se utilizan en la actualidad:

5. Autorrealización: cumplir las aspiraciones de vida.

4. Autoestima: sentirse bien consigo mismo.

} Motivadores Intrínsecos

3. Pertenencia: Tener aceptación y protección del grupo

2. Seguridad: Estar libre de amenazas físicas y ambientales

} Motivadores Extrínsecos

1. Básico: Satisfacción de necesidades de alimento, bebida y refugio.

Pregunté: "¿Nuestro personal abandona la empresa para satisfacer sus necesidades psicológicas en otro lugar de trabajo?"

Un ejecutivo regional contestó: "Bueno, si no se van por estómagos hambrientos, lo que queda tiene que ser la mente".

Pregunté: "¿Nuestro problema tiene sus raíces en el *apartheid* o en un conflicto étnico?" Las *head ladies* eran caucásicas. El personal de crédito era Indio, de raza mixta, Zulú o de una de las diez tribus nativas.

Los caucásicos podían ser *Afrikaans* (descendientes de holandeses), ingleses o una mezcla de inmigrantes europeos blancos. Los Rodesianos blancos habían llegado a Sudáfrica desde lo que hoy es Zimbabue.

"¿Puede haber armonía y productividad en esta oficina conformada por una mezcla racial y se puede retener a las personas que contratamos?", pregunté.

Otro ejecutivo contestó: "El *apartheid* va a ser una barrera, pero no hay razón para no preocuparnos más por la satisfacción laboral del personal".

"Deténganse en esa idea," les animé. "Veamos qué tienen que decir los demás gurús."

Continuamos con Douglas McGregor. Él introdujo los estilos de gestión denominados X y Y (autocrático versus democrático) y los principios básicos que impulsan los estilos de gerencia corporativa. ¿Cuánto estarían involucrando las *head ladies* al personal en la toma de decisiones (gerencia al estilo Y)? Los participantes sentían que había espacio para crecer en este motivador intrínseco.

A continuación, estaba Frederick Herzberg. Su *Teoría de los Dos Factores* (factores higiénicos y motivadores) contrastó con los motivadores extrínsecos e intrínsecos, aunque no los llamó así. Tener factores higiénicos positivos (extrínsecos) no quiere decir que el personal está satisfecho o contento. Los satisfactores (intrínsecos) se relacionan al trabajo en sí. ¿Es significativo y gratificante? Y, en cuanto al enriquecimiento laboral: ¿se desafía al personal con mayores responsabilidades y oportunidades de desarrollo personal? Si el pasto es más verde en otro lado, ¿será que es necesario regar nuestro pasto? Estuvimos de acuerdo. Todo indicaba que estábamos muy deficientes en los satisfactores intrínsecos.

Hice una serie de preguntas:

- ¿Dónde estaban nuestras oficinas de crédito en el *continuum* X-Y? (más cerca de X)
- ¿Es nuestro personal inherentemente haragán? ¿Debemos empujarlos para que produzcan? (resultado mixto)
- Estamos diciendo mediante palabras y acciones que, si el personal no toma malas decisiones crediticias, ¿puede conservar su trabajo? (probablemente)
- ¿Los valoramos como personas con potencial para tener mayor responsabilidad, pensamiento de teoría Y? (generalmente, no)

Notamos la dualidad con la que lucharon todos los gurús:

- Necesidades y deseos de Maslow.
- Insatisfacción y satisfacción de Herzberg
- Estilos X y Y de McGregor
- Los dos de Ardrey – estómagos y mentes

¿Habrá más pares que debamos evaluar? Eran alrededor de las 4:30 p.m., y habíamos trabajado durante todo el día. Teníamos la sensación de que la solución estaba cerca. Recursos humanos había implementado el programa de liderazgo mencionado en el capítulo 1. Habíamos capacitado a todos los gerentes en este concepto. No fue sorpresa que hubiera otra *dualidad*: las personas *eran capaces y estaban dispuestas o incapaces y no dispuestas*.

Si los gurús estaban en lo correcto, y todos estaban analizando la motivación, seguramente había una estrategia para nosotros. Parecía el momento correcto para una votación.

¿Cuántos piensan que no estamos pagando lo suficiente? Ninguna mano levantada.

¿Cuántos piensan que no estamos contratando a las personas indicadas? Dos manos levantadas.

¿Cuántos piensan que tenemos malas condiciones en el lugar de trabajo? Ninguna mano levantada.

¿Cuántos piensan que las condiciones en la oficina de crédito son insatisfactorias? Tres personas levantaron la mano.

"¿Cuáles eran las condiciones insatisfactorias?", pregunté. Dos personas respondieron que era la forma en la que eran supervisados. Alguien más dijo que eran los niveles de seguridad y pertenencia descritos por Maslow. Las personas no se sentían seguros en su trabajo; a lo mejor el ambiente era amenazante.

"¿Cuántos piensan que los trabajos en sí no tienen futuro?" Unas pocas manos se levantaron. Di seguimiento. "Entonces, ¿no estamos haciendo lo suficiente para enriquecer los trabajos según lo prescribió Herzberg?" Ellos aceptaron que no lo estábamos haciendo.

"¿Cuántos creen que tenemos un problema de nivel inferior descrito en las tres necesidades básicas de Maslow y en los factores insatisfactorios de Herzberg?" Una persona levantó la mano. Cuando pregunté cuál era, la respuesta fue: es el *micromanagement* y la política de la empresa".

"¿Estamos exagerando en el estilo X?" La mayoría estuvo de acuerdo que lo hacíamos en esos trabajos.

"¿Cuántos piensan que, si capacitamos a las *head ladies* en estimular el trabajo en equipo, desarrollar las competencias del personal y en la satisfacción de las necesidades de nivel superior tales como la autoestima y enriquecimiento del trabajo, habría una disminución en la rotación de personal?" ¡Dieciséis manos levantadas!

En noventa minutos habíamos pasado de una hipótesis–

> Las necesidades psicológicas insatisfechas pueden contribuir a la rotación de personal-

hasta una teoría de trabajo-

> Los gerentes pueden reducir la rotación de personal si desarrollan las competencias del personal, mejoran la autoestima y enriquecen sus trabajos.

Un antropólogo social abrió la puerta. Detrás había un llamado para liderar al personal de crédito hacia un lugar más próspero. Diecisiete personas en la habitación. Diecisiete en consenso. Pero sería 17 años más tarde que yo podría calcular el impacto con una cifra en dólares. Ya eran más de las 5:00 p. m. y los ejecutivos querían ir a su lugar favorito para relajarse. Se lo merecían, cortesía del departamento de capacitación.

Al día siguiente, informé a mi equipo sobre nuestro objetivo: Diseñar una herramienta de capacitación dirigida a las habilidades de liderazgo de nuestras *head ladies*. La implementamos tres meses después, con veintiocho módulos y una duración de dos años para completarla en todo el país. La llamamos *TOP GUYS* (que traducido es hombres de alto nivel). Suena como un nombre sexista e inapropiado en la actualidad, pero es un acrónimo en inglés (*Training **Of** People, **G**uiding, **U**nderstanding **Y**our*

Staff) "Capacitación de Personas, Liderar, Comprender a su Personal". El reconocimiento por el acrónimo es para *Sharon Korb*, secretaria del departamento. Las mujeres no tuvieron ningún problema con el nombre. *Anne Crane*, responsable de capacitación de crédito y una ex *head lady*, estuvo totalmente a favor.

Los elementos de orientación y comprensión eran indicios claros de que las habilidades duales de liderazgo y apoyo se relacionaban con los dos tipos de motivadores. Pero ¿cuál fue el impacto financiero?

Me fui de Sudáfrica en 1984, un año después de la introducción de *TOP GUYS*. No sabría del impacto que tuvo en la retención de personal hasta 1989, cuando *Bruce* me visitó en Tampa, Florida, EE. UU. Por supuesto que pregunté cómo iba *TOP GUYS*. La rotación de personal en la oficina de créditos bajó del 56 % al 26 % durante el primer año y ha permanecido en el rango del percentil 20, hasta la fecha. La disminución resultó en 5,600 personas que no hubo necesidad de reclutar y capacitar durante esos 5 años. El conocimiento y experiencia de más de 1,100 personas que se quedaron en la empresa permitieron que las oficinas de crédito fueran muy efectivas y eficientes. Con un costo de dos meses de salario para reemplazar a una persona que ganaba $750 (dólares de los EE. UU.) al mes, el ahorro fue de $1500. Con una rotación del 56 % y 2,000 especialistas en crédito, la rotación anual en 1983 fue de 1,120 personas. Un costo de $1500 por persona X 1,120 personas, el ahorro anual fue de $1,680,000.

TOP GUYS aún estaba funcionando en el año 2000, cuando mi sucesor, Keith Brown, pasó unos días en mi casa en Tampa y lo confirmó. Suponiendo que el número de empleados se mantuvo constante (creció) y la rotación se mantuvo a un ritmo más bajo (así fue), y los salarios se mantuvieron en el mismo nivel durante 17 años (no fue así, pero lo dejaremos para facilitar el cálculo y tener un número conservador), el monto ahorrado durante 17 años fue de $28,560,000. Al hacer el ajuste por inflación, ese número en 2023 es de $49,123,200. ¡Satisfacer los deseos intrínsecos es una estrategia de personal fenomenal!

Este experimento, basado en la teoría de la motivación en un laboratorio corporativo del mundo real arrojó el resultado previsto. Abordamos la rotación de personal con comportamientos de liderazgo más intensos y frecuentes dirigidos hacia los motivadores intrínsecos. La rotación disminuyó en un 53.5 %. La teoría que adoptaron 17 ejecutivos en 1983 es un hecho documentado, confirmado anualmente durante 17 años.

¿Podría imaginar el lector que la intervención superaría los aspectos negativos del *apartheid* en el "Amado País"?[*] El personal en los primeros peldaños de la pirámide organizacional estaba rotando. El crecimiento personal y profesional de las *head ladies* aumentó la autoestima del personal y generó esperanza en el futuro. Ocurrió gracias a la institucionalización del cuidado del personal.

Me han preguntado,"¿Realmente tomó tanto tiempo encontrar una respuesta a las preguntas del señor (Alec Rogoff)?" A lo que yo respondo, "Todos los demás tenían la misma cantidad de tiempo que yo y nunca dieron respuesta a las preguntas". Tan lento como era yo, otros eran más lentos. Ellos nunca conocieron al Sr. Rogoff.

La Dra. Rodríguez y yo hemos llevado a cabo otros 3 estudios de varios años de duración, desde el 2005. Los efectos deseados han surgido en varios países y culturas. Se han identificado las causas y se controlaron. La confiabilidad de los datos y las conclusiones obtenidas a partir de ellas son reproducibles.

Estudios adicionales han reforzado los hallazgos. Evaluamos el impacto de otras variables. Las correlaciones positivas aumentaron con el tiempo, pero de forma marginal. Ninguno de los *Smart16* fue desplazado por variables independientes más fuertes. A continuación, la ganancia tangible en dólares ($$), en la casilla 6, surge cuando todas las casillas

---

[*] El sueño de Nelson Mandela sobre la "preocupación por los demás" se hizo realidad en un pequeño rincón de su "*Beloved Country*" (Amado País), una referencia a "*Cry, the Beloved Country*" (*Alan Paton*, 1948), una novela de éxito a nivel mundial, sobre la vida interracial en Sudáfrica.

anteriores agregan valor; las dos primeras casillas son cruciales. Son el *gran dar* que al final genera el *gran recibir*.

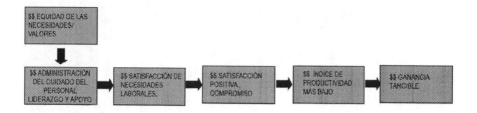

La cita de John Dryden a continuación, podría referirse al hecho de sumergirse en lo intangible para evitar errores de productividad en el ámbito tangible:

Los errores, al igual que la paja, fluyen a la superficie. Quien busca perlas debe sumergirse más profundo.

Mi Experiencia como Colaborador

En otra empresa en Denver, Colorado, me pidieron que entregara una carga de mercadería que un cliente necesitaba con urgencia y me llevaron hacia un camión que yo nunca había conducido. Salí de la plataforma de carga y me dirigí a la calle. Al pisar los frenos en el primer semáforo en rojo, el pedal llegó hasta el suelo. Pude detenerme reduciendo las marchas de la transmisión y utilizando el freno de emergencia. Así fue como logré entregar la carga y regresar al almacén. De regreso, un semáforo cambió a amarillo mientras me acercaba a una intersección importante. Esta vez, reducir las marchas y utilizar el freno de emergencia no fue suficiente para detenerlo. Los autos pasaban velozmente al otro lado de la calle delante de otros conductores, quienes pisaron los frenos con fuerza y bocinaron estrepitosamente mientras yo pasaba el semáforo en rojo.

Hay diversas situaciones que ocurren durante el servicio al cliente si no brindamos atención a quienes lo proporcionan. ¿Qué hubiera pasado si la última persona en conducir el camión fuera un supervisor? El cuidado reemplaza los errores por perlas.

22

PEDAGOGÍA DE LAS HABILIDADES BLANDAS

"Las habilidades blandas reciben poco respeto, pero serán las que potencien o destruyan su carrera".

PEGGY KLAUS

UNA PARTE DE ESTA INVESTIGACIÓN fue determinar por qué la capacitación de proveedores externos no se transfería al trabajo. Recuerde, esta saga inició cuando yo tuve que cumplir un mandato del gerente general de una empresa multimillonaria. Los impedimentos en el diseño instruccional prevenían que la palabra oral o escrita se encarnara como comportamiento laboral. Hasta que ocurra la encarnación, ser un gerente de la milla extra es solo una aspiración. El discípulo Juan mencionó este hecho al describir a su maestro: "El Verbo se hizo carne y habitó entre nosotros". Entonces, ¿cómo encarnamos la palabra oral y escrita? La transferencia requiere acciones muy intencionales y planificadas. ¿Cuáles son los impedimentos para eso?

Hay tres mitos que son fatales para la transferencia del aprendizaje de las habilidades blandas:

1. Aprender y hacer son dos actividades distintas.
2. Dosis amplias de aprendizaje son rentables y económicas.
3. El aula es el mejor medio para la capacitación en gestión y habilidades blandas.

Mito # 1: Aprender y Hacer Son Dos Actividades Distintas

Primero usted aprende y luego hace. Esta aseveración del libro de John Holt *Instead of Education* – En lugar de la Educación (*Sentient Publications*, 2003) muestra las barreras para la transferencia de las habilidades blandas del aula al trabajo. Holt nos ayuda a comprender que aprender y hacer son lo mismo. La aplicación en el trabajo es cuándo, dónde y cómo se produce el aprendizaje conductual.

> "Hace algunos años empecé a tocar el violonchelo. Amo el instrumento, paso muchas horas al día tocándolo, trabajo duro en ello y tengo la intención de tocarlo bien, algún día. La mayoría de las personas diría que estoy 'aprendiendo a tocar el violonchelo'. Pero estas palabras nos transmiten la idea extraña de que existen dos procesos muy distintos: (1) aprender a tocar el violonchelo; y (2) tocar el violonchelo. Implican que haré lo primero hasta finalizarlo, a partir de ese momento detendré el primer proceso y comenzaré el segundo. En resumen, seguiré aprendiendo hasta que termine de aprender a tocar y luego comenzaré a tocar de verdad".

> "Por supuesto que esto es un sinsentido. No hay dos procesos distintos sino uno solo. Aprendemos a hacer algo, haciéndolo. No hay otra manera. Cuando hacemos algo por primera vez, probablemente no lo haremos bien. Pero si seguimos haciéndolo, y contamos con

buenos modelos a seguir y con consejos útiles cuando son necesarios y nos esforzamos en hacerlo bien, lo haremos cada vez mejor. Con el tiempo, podremos hacerlo muy bien. El proceso nunca termina".

"Los educadores hablan todo el tiempo acerca de las 'habilidades'… (Pero) como dijo Whitehead hace varios años, no podemos separar una actividad de las habilidades necesarias para esa actividad. Un bebé no aprende a hablar aprendiendo habilidades lingüísticas y después las usa para hablar, ni aprende a caminar al aprender la habilidad de caminar y después la utiliza para caminar. Aprende a hablar hablando, a caminar caminando. Cuando da sus primeros pasos titubeantes, no está practicando. No se está preparando. No está aprendiendo a caminar para que después pueda caminar hacia algún lugar. Está caminando porque quiere caminar en ese momento".

Aprender habilidades blandas es el acto de practicarlas en el trabajo, punto. Tenemos talleres y tenemos trabajo en nuestro empleo. Ambos nunca se han encontrado con el fin de incrementar mediblemente el compromiso, la productividad y la ganancia. Dos tercios de la fuerza laboral en la mayoría de las empresas se caracteriza por ser personal no comprometido (falta de motivación) o desinteresado (reciprocidad negativa y rencor). Para reemplazar el mito número 1 y satisfacer las necesidades laborales, las habilidades blandas deben practicarse (aprenderse) una a la vez.

Para visualizarnos realizando una acción, debemos enfocarnos únicamente en esa acción. Nuestra mente no se enfoca en dos cosas a la vez. No podemos escuchar y comprender dos afirmaciones al mismo tiempo ni decir dos oraciones a la vez. Los pensamientos ocurren uno a la vez. Las acciones solo pueden ejecutarse una primero y otra después. Si ha intentado atrapar una pelota y lanzar otra simultáneamente, usted se enfoca en una de esas acciones, mientras que la otra no tiene éxito. ¿Cómo hemos ignorado ese hecho?

La capacitación en gestión que se lleva a cabo en el aula presenta procesos de muchos pasos para una variedad de habilidades blandas, además de la interpretación de roles para cada una. La familiarización y memorización son útiles. Pero precisamente ¿cómo se encarnan los procesos comunicados por escrito y de forma verbal al comportamiento laboral? Mediante acciones intencionales y planificadas, una a la vez. ¿Está orquestado de esa manera en el paradigma actual? Hay poco valor cuando no es de utilidad. ¿Cuántos de nosotros asimilamos y aplicamos el contenido de un manual de seminario en el trabajo? Pero si decidimos brindar el cuidado al personal con intensidad y frecuencia, y somos congruentes, la encarnación de la capacitación es un esfuerzo factible.

El aula sirve para la lluvia de ideas en grupo, la resolución de problemas, la formación de equipos y otras prácticas estructuradas con colegas. La regla general es: permita que los aprendices se autodirijan, excepto cuando un aula sea necesaria. Abordemos el mito de la dosis.

Mito # 2: Dosis Amplias De Aprendizaje Son Económicas

Los capacitadores cubren un amplio contenido con la mayor cantidad de participantes que sea manejable. La Curva del Olvido de Ebbinghaus[*] refuta tales prácticas económicas. Otros investigadores experimentaron con la capacidad de aprendizaje para absorber y procesar información. En 1956, George A. Miller habló sobre el 'número mágico' de conceptos que una persona puede comprender a la vez. En 1974, Herbert A Simon investigó los 'trozos' de aprendizaje e intentó identificar el tamaño máximo del trozo que las personas pueden procesar en una situación de asimilación y aprendizaje. John N. Warfield, en 1988, trató con el número mágico de conceptos que los individuos pueden comprender con alguna utilidad. Mientras que los estudios de Miller y de Simon muestran que este número es muy conservador, entre 5 y 7, Warfield argumentó que el número es 3 más menos 0 (3 ± 0).

---

[*] https://www.mindtools.com/a9wjrjw/ebbinghauss-forgetting-curve

Warfield introdujo el *período de integración del conocimiento* (SKI, por sus siglas en inglés para *Span of Knowledge Integration*) y demostró que debido a las redes que afectan el análisis y síntesis de la información, cada fragmento adicional de información añadido a una red tiene un impacto geométrico negativo en el SKI debido a factores multirrelacionales. Aunque esto simplifica sus hallazgos, la relevancia para el desarrollo cognitivo y de comportamiento es notable: aparentemente podemos absorber 3 conceptos a la vez. Más allá de eso, la integración disminuye rápidamente.

En talleres de 4 horas de duración, se comparten docenas de conceptos. Pocos de ellos se recuerdan o utilizan cuando se excede el SKI. La probabilidad de que esto ocurra después de la mayoría de los talleres y seminarios es del 100 %.

La validación del impacto es, en consecuencia, esquiva. Después entra en juego la curva del olvido de Ebbinghaus. La utilidad se convierte en un asunto secundario. El conteo de asistentes capacitados muestra que los facilitadores estaban trabajando arduamente. En cuanto al fruto de ese trabajo, el recuento de personas pasa por alto el elemento del aprendizaje de comportamiento.

La siguiente ilustración explica el problema de la dosificación de la capacitación impartida:

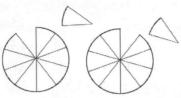

Rango de habilidades   Comportamientos Instintivos

El diagrama anterior muestra como una habilidad reemplaza a un comportamiento instintivo (reacción). Una persona puede enforcarse en cambiar un único comportamiento en un momento dado. A menos que el comportamiento deseado (habilidad) sea única, explícita y relevante para una situación determinada, no habrá aprendizaje a través de la práctica. Cuando la técnica está sujeta a ser recordada o debe ser extraída de un material voluminoso, la aplicación (aprendizaje de comportamiento) no tiene probabilidad de ocurrir.

El aprendizaje siempre se basa en la necesidad (motivación). La motivación es una determinada situación y sus implicaciones para quien aprende. Si la persona percibe que la aplicación de la técnica va a satisfacer su necesidad de reconocimiento, mejora, crecimiento personal y mayor responsabilidad, hay motivación para aprender, es decir, aplicar la técnica a la situación. Los conceptos de formación de los gerentes deben aplicarse explícitamente a su situación inmediata y estar disponibles en el momento y lugar de necesidad. Pocos programas de desarrollo toman en cuenta estos principios de aprendizaje. Son más escasos los que pueden documentar la modificación y/o desarrollo del comportamiento.

Fuente: Artículo del autor *Adult Learning Principles*, del año 2003, publicado en la web.

Una Analogía

Cuando 11 hombres de un equipo de la NFL (siglas en inglés para National Football League - Liga nacional de futbol americano) entran al campo con el balón, para enfrentar a su oponente se reúnen antes de cada jugada. Durante la reunión, cada jugador recibe una instrucción que debe ejecutar en la siguiente jugada. Cada jugador tiene una, y solamente una cosa que debe ejecutar – hacer un pase, bloquear, crear una barrera, lanzar o atrapar un pase, entre otras. No se espera que ningún jugador realice más de una tarea en esa jugada. Aun así, se cometen errores. Surgen situaciones inesperadas de las reacciones del equipo defensor, por lo que no hay garantías de éxito, aunque las jugadas se practican ampliamente. Ahora imagine si ese mismo equipo tuviera solamente una reunión al comienzo de cada posesión del balón. Si se dieran las indicaciones de las jugadas para la siguiente serie de intentos y cada jugador tuviera que recordar qué acción tomar en cada jugada, ¿se encarnarían y ejecutarían las habilidades?

No se puede planificar múltiples jugadas por adelantado debido a los resultados del juego ofensivo y a las reacciones del equipo defensor. De igual manera, las jugadas planeadas en un aula no pueden anticipar las reacciones de aquellos con quienes se usarán esas jugadas. Es común desviarse al usar un modelo de comportamiento.

Ahora sabemos que, si aquello en lo que nos enfocamos es algo que se está aprendiendo, debe ser en trozo pequeño. Los ejecutivos capacitados salen de las aulas con páginas de anotaciones y tal vez visualizaciones de cómo llevar a cabo tareas en el trabajo. Sin embargo, la aplicación es inversamente proporcional al volumen de información. Cuanto más largo sea el período de tiempo entre la indicación de la jugada y la ejecución, menos efectivos serán los jugadores. La reunión larga ha terminado y ahora estamos por nuestra cuenta, improvisando ampliamente.

Debido a sus limitaciones, el papel del aula debe estar restringido a las funciones mencionadas con anterioridad. La información transmitida en el aula sobre habilidades blandas debe ser acompañada por pequeñas porciones de aprendizaje autodirigido para integrar conceptos y procesos con actividades en tiempo real. El aprendizaje digital, en dosis adecuadamente pequeñas, hace el truco. Aún esto puede fallar cuando se intenta modificar comportamientos contraproducentes si las habilidades específicas no corresponden con situaciones determinadas y con las personas que las requieren. Más sobre esto en el próximo capítulo.

Primero, hagamos una síntesis de la investigación de varios investigadores clínicos sobre el aprendizaje de comportamiento en adultos. El diseño de la instrucción debe ser evaluado según estos criterios. Si no es así, olvídese de documentar un impacto positivo de su aplicación:

1. El aprendizaje ocurre en dosis pequeñas.
2. El aprendizaje requiere práctica y refuerzo para su asimilación completa.
3. El aprendizaje de nuevos comportamientos requiere un cambio en las creencias o motivaciones.

4. El aprendizaje es más efectivo cuando la persona que aprende se beneficia personalmente de lo aprendido.

5. El aprendizaje se puede medir de mejor manera con los siguientes procesos clínicos:

   a. Autoevaluación b. Mediciones cognitivas
   c. Mediciones de comportamiento

Recuerde también que desarrollar habilidades de liderazgo y apoyo implica el incremento en intensidad y frecuencia. Eso requiere estrategias asignadas, intentos de aplicación, medición, retroalimentación y rendición de cuentas.

Mito # 3: El Aula es el Mejor Medio para la Capacitación en Habilidades Blandas

La idea de que la capacitación en gestión, por su naturaleza, sólo debe llevarse a cabo en un aula, es errónea. No surgió por haber pruebas de que era el mejor medio. Simplemente es más fácil de orquestar: elija un tema, elija un grupo. Las sesiones se centran más en la entrega de información que en la utilidad. Pero ¿quién reuniría a un grupo para darles tres fragmentos de información? Entonces, les damos muchos fragmentos.

El surgimiento de los Sistemas de Soporte al Rendimiento (PSS por las siglas en inglés para *Performance Support Systems*) es evidencia de que el aula no ha sido suficiente. Buen pensamiento, pero la nomenclatura es engañosa. PSS sugiere que el aprendizaje ha ocurrido y simplemente necesita ser respaldado. *Las ayudas laborales son el vehículo del aprendizaje.* Los aspectos cognitivos presentados en el aula son solo una introducción. Eso se puede comunicar de varias formas sin necesidad de reunir a un grupo.

Una barrera importante para la práctica en el trabajo es el formato de los materiales de aprendizaje en el aula. Estos consisten en una carpeta que cubre el seminario o taller. Pueden contener decenas, cientos o más páginas que abarcan muchas competencias. El personal capacitado regresa a sus oficinas o escritorios y guardan estas carpetas en algún estante. Si bien esto es lógico por razones de espacio, se ha tomado una decisión sutil: colocar los materiales fuera de la vista y su uso previo a poder dominar dichas competencias.

Requiere un nivel muy alto de motivación ir al estante, sacar la carpeta, regresar al escritorio y buscar en un material voluminoso, el contenido aplicable al trabajo y prioridades diarias. No es un proceso natural ni sencillo para la persona que ha sido capacitada. La norma es recurrir a los instintos. Yo llamo a esto el "problema de la proximidad". Cuanto más alejada esté la capacitación de la persona en tiempo y espacio, menos probable será su utilidad.

Adicionalmente está la falta de apoyo gerencial para la capacitación en el aula. ¿Qué materiales se proporcionan a los supervisores de los participantes en el aula para su posterior orientación, retroalimentación y refuerzo? El siguiente gráfico muestra lo que sucede con la capacitación en el aula que no se refuerza.

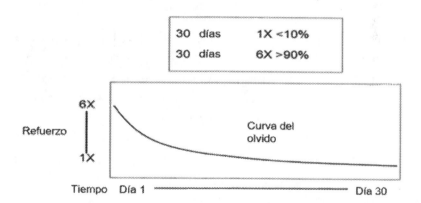

Fuente: Investigación de *Albert Mehrabian*,
citada en su libro *Silent Messages*

Cuando las personas son expuestas a una idea, una vez, menos del 10 % se retiene en 30 días. Si son expuestas seis veces, con intervalos de refuerzo, más del 90 % se retiene después de 30 días. ¿Se asigna a los supervisores de los participantes en el aula la responsabilidad de reforzar lo *aprendido*?

El personal asiste a talleres dirigidos por facilitadores que no pueden reforzar el contenido en el puesto de trabajo. Es poco probable que el supervisor del personal capacitado brinde dicho refuerzo ya que el participante en la capacitación lo pasó por alto en el camino al taller y en el regreso a su trabajo. Es posible que los jefes no estén familiarizados con el contenido del taller. Por lo tanto, no están preparados para brindar retroalimentación. Un aumento medible en la productividad y las ganancias a partir de las habilidades blandas es una fantasía hasta que orquestemos su aplicación.

> *Dato de interés: Si nos mentimos a nosotros mismos y lo creemos, no solo somos deshonestos, sino también ingenuos.*

Una habilidad de comportamiento se desarrolla cuando se ajusta a una tarea que la necesita mediante un acto intencional y planificado. Eso debería ser un paso fácil. Tan simple como decidir qué situación de una lista de tareas ofrece una oportunidad de desarrollo. Esto es aprendizaje intencional. La utilidad debe ser oportuna.

El capítulo 11, "La Docena Sucia", resumió las causas que obstruyen el compromiso. Citamos los $166,000,000,000 gastados anualmente por las empresas estadounidenses en capacitaciones sobre liderazgo. El cambio en el comportamiento que impacta el compromiso ha sido casi imperceptible desde el año 2000. Demostramos por qué la capacitación no se trasladó al trabajo. Era necesario desarrollar un sistema de aprendizaje basado en hallazgos científicos. Debía correlacionarse en gran medida con el incremento en la productividad, la disminución de la rotación de personal y el incremento de la ganancia. Enfocarse en las necesidades laborales hace que esto ocurra. El ROI depende de ese enfoque. La caja de herramientas mantiene dicho enfoque.

El capítulo 23 yuxtapone el contenido de aprendizaje y las necesidades laborales. Ambos, finalmente se encuentran.

23

APRENDIZAJE INCORPORADO

*"Empiece haciendo lo necesario,
después haga lo que es posible y pronto
estará haciendo lo imposible".*

SAN FRANCISCO DE ASÍS

COMO EJEMPLO DE 'HACER' IMAGINEMOS que estamos en una pista de aprendizaje en *DiaplanU*. Abrimos un nuevo módulo, *"Coaching* personalizado" *necesario* para construir un equipo totalmente competente:

- Aprender a dar *coaching* eficazmente es un proceso tanto cognitivo como de comportamiento.
- El concepto del *coaching* es cognitivo. Transformar ese concepto en una habilidad es un comportamiento.
- El tamaño de las dosis debe ser pequeño, tanto en el aprendizaje cognitivo como en el de comportamiento.

Aplicando la sabiduría de San Francisco:

1. Lo necesario es tomar la decisión de mejorar la productividad de un determinado colaborador.
2. Lo posible es comprender la dosis del concepto (obtenido de *DiaplanU*) para aplicarlo hoy.

Para hacerlo, apartamos un período de tiempo de 10 minutos de nuestra agenda para unir el concepto y los pasos de comportamiento con el trabajo (aprendizaje intencional). La pequeña dosis se ve como esto:

Los Objetivos:
Crear y mantener una atmósfera agradable de *coaching*.
Mejorar su relación actual y su credibilidad como jefe.
Ayudar a los miembros de su equipo de trabajo a descubrir el 'por qué' y el 'cómo' mejorarán sus habilidades y además solucionará el asunto inmediato o problema.

La Introducción:
Dé la bienvenida y anime.

Clarifique Áreas de Preocupación:
Identifique la brecha entre la capacidad existente del colaborador y la deseada. Invítelo a que explique lo que ya sabe, entiende y puede hacer.

Enumere las Soluciones Alternativas:
La responsabilidad es del colaborador por lo tanto la implementación es tarea de él o de ella. El colaborador debe generar posibles soluciones o ideas.

Acuerde la Mejor Solución:
Aun cuando el colaborador nos aborde para pedir consejo, ¿debemos resolver el asunto? No. Si queremos un desarrollo a largo plazo y habilidades para solucionar problemas, debemos estimularlo para que asuma la responsabilidad. Estamos dando *coaching*, no estamos ocupando su posición en el equipo. Por lo tanto, analicemos conjuntamente las posibles soluciones y los efectos positivos y negativos. Continúe con ese enfoque hasta que haya un acuerdo en cuanto a la mejor alternativa de solución.

3. Lo imposible: Es una pequeña dosis de conocimiento que normalmente no tomaríamos. Probablemente habríamos actuado por instinto o no habríamos dado el *coaching* personalizado, obteniendo un resultado mediocre o peor.

Imprima los pasos a seguir durante la sesión de *coaching* o díctelos a su teléfono inteligente. Es una ayuda práctica y al alcance que elimina la necesidad de adivinar. Usted está orquestando la transferencia de habilidades blandas.

> *Dato de interés: El consejo oportuno es como una manzana dorada servida en bandeja de plata. Rey Salomón*

Algunos Lectores se estarán preguntando: *¿qué tal si necesito una porción oportuna, pero no sé dónde encontrarla en DiaplanU?*

Cuando los participantes terminan los módulos asignados, han hecho una transferencia de 200 pequeñas dosis a sus trabajos. Una vez que se haya completado un módulo, todo su contenido estará disponible, para cuando lo necesite. Los participantes estarán familiarizados con los títulos de las unidades de aprendizaje. Estos los guiarán a la(s) unidad(es) necesaria(s) de manera inmediata. En *DiaplanU* hay un total de 500 pequeñas dosis (unidades de aprendizaje) relacionadas a habilidades profesionales y habilidades blandas. Para acceder a todas ellas, los participantes pueden completar todas las *pistas de aprendizaje.* El desarrollo profesional continúa hasta lograr el dominio.

Recuerde, estamos formando tanto las competencias en liderazgo como en apoyo. El ejemplo de *coaching* personalizado estaba relacionado al incremento en la intensidad y frecuencia de la competencia de liderazgo. El colaborador seleccionado fue *guiado* hacia un mejor nivel de desempeño. Revisemos dos ejemplos más, uno en el que se necesita la competencia del apoyo y otro de la competencia profesional.

Una de las gerentes de la empresa de un cliente participante en la investigación se da cuenta, lentamente, de un cuello de botella. Investiga y descubre que *Kesha*, una colaboradora, está abrumada por su carga de trabajo. *Kesha* está molesta. La gerente ha completado el módulo de resolución de problemas. Selecciona este proceso de una unidad de aprendizaje para ayudar a Kesha a ser más eficiente. Luego, programa una sesión de una hora con ella. Los pasos tomados en la búsqueda de una solución acordada están entre paréntesis:

Definir el Problema (Qué): En la definición del problema, la gerente identificó la brecha existente entre la situación actual y la deseada. (La colaboradora debería estar en el camino correcto, pero no lo está.)

Recopilar Información: Identificó los aspectos relacionados con el problema, tanto los incidentales como los principales. (La colaboradora no puede terminar las tareas lo suficientemente rápido como para cumplir con todos los objetivos. Las tareas se han acumulado).

Establecer la Causa Verdadera (Por qué): ¿Cuál es el problema y por qué está ocurriendo? Sin la información adecuada, no se puede armar el rompecabezas. (Hay dos problemas: [1] La colaboradora no recibió suficiente capacitación en el programa de cómputo complejo que se utiliza para realizar las tareas. [2] La colaboradora que la estaba apoyando salió por licencia de maternidad hace cuatro semanas).

Proponer Alternativas de Solución (Cómo): La probabilidad de encontrar una solución de calidad aumenta cuando hay múltiples alternativas. Aquí es donde entra en juego la creatividad. (La gerente y la colaboradora exploraron y documentaron varias alternativas).

Evaluar Soluciones y Decidir (Qué, Cuándo, Cómo): La gerente y *Kesha* deciden cuál es la mejor solución de las alternativas propuestas. (Las mejores alternativas: el proveedor ofrece dos días adicionales de capacitación en el programa de cómputo planificados para la siguiente semana. El objetivo de trabajo de *Kesha* se revisa temporalmente con base en los impedimentos).

Prevenir Problemas Futuros (Qué pasa si): Es necesario tomar medidas para minimizar los efectos negativos de una decisión. Por ejemplo, al cambiar un procedimiento en el puesto de trabajo, ¿no debería informarlo a las personas involucradas? (Todos los nuevos reclutas recibirán dos días adicionales de capacitación por parte del proveedor del programa de cómputo).

Implementar: Puede haber fallas durante la implementación. Es necesario permanecer flexible y abierto a realizar ajustes. (Después de la implementación, se asignó a un "compañero" con experiencia para apoyar a *Kesha* durante las siguientes semanas, acorde a la necesidad).

Seguimiento: Se debe dar seguimiento hasta que desaparezca el problema. (Concluido. Problema resuelto).

Kesha no necesitaba liderazgo. Su problema consistía en la necesidad extrínseca 6: "Tener un jefe que me apoya y ayuda a solucionar los problemas que me afectan". Ella necesitaba apoyo. Ese comportamiento no había llegado a tiempo, fue débil o estuvo ausente. El aprendizaje intencional incrementó la frecuencia e intensidad del apoyo. La productividad aumentó. *Kesha* mantuvo su empleo y está dando buenos resultados. La siguiente Encuesta *Smart16* mostró la reducción, de *Frecuentemente* a *Rara Vez,* en la brecha relacionada a la interrogante planteada.

Esta situación también alertó a la gerente a que debe proporcionar siempre lo que se necesita *en el momento que se necesita.* Un período de tiempo de 4 semanas provocó un cuello de botella y una disminución de la productividad. ¿Quién necesita orientación o apoyo ahora? ¿En este momento? Cada necesidad laboral insatisfecha inhibe el desempeño.

En otra situación, una dosis rápida de habilidad profesional, de manera oportuna, evitó que un gerente cometiera el mismo error que le había costado mucho dinero a su empresa. En su última ronda de negociaciones para suministros de cafetería, hizo una gran concesión de precio, pero no obtuvo nada a cambio. Había terminado la unidad de "Habilidades de Negociación 1", pero aún no dominaba las habilidades de esta tarea compleja. Se le había olvidado aplicar las pautas sobre concesiones. No iba a desperdiciar otra oportunidad sin obtener nada a cambio. En 3 minutos, copió este fragmento de la unidad 8 de "Habilidades de Negociación 1":

Al Hacer Concesiones:

- Haga varias concesiones pequeñas en vez de concesiones grandes.
- Obtenga una concesión por cada una que otorgue.
- Haga un intercambio cuidadoso de concesiones. Dé una pequeña para obtener a cambio, una más grande.
- No se apresure a hacer concesiones. Una vez ofrecidas, es difícil dar marcha atrás.

Con una dosis específica (directriz), los participantes pueden prepararse para aplicar una habilidad profesional estratégica. Dictarlas o escribirlas en un teléfono inteligente las mantiene a mano. Esto ofrece protección contra modificaciones negativas del acuerdo o evita ser sorprendido sin tener nada a que recurrir.

Yuxtaponer cualquiera de las 500 pequeñas dosis es colocar un asterisco (*) en un elemento de la lista de tareas pendientes en Outlook (u otra agenda) que necesita esa dosis de *DiaplanU*. Lo que era casi imposible bajo el antiguo paradigma se vuelve normal a medida que las empresas orquestan la transferencia de habilidades blandas. El aprendizaje pragmático, dosificado de manera apropiada, ofrece acceso justo a tiempo. Es el banco con fondos para los aprendices que quieren tener acceso a la información de forma sencilla como utilizar un cajero automático. El contenido está dirigido a los *Smart16*. La equidad de necesidades institucionalizada (lo posible) ayuda a financiar la creación de riqueza a nivel mundial (lo imposible). ¡Gracias, San Francisco!

Los siguientes pasos para el lector son: (1) evaluar la elección binaria en el capítulo 25 y (2) adquirir la caja de herramientas para institucionalizar la equidad de necesidades en su empresa.

Hemos aprendido que el 68 % de los gerentes en los Estados Unidos de América están atrapados en la primera milla porque las personas no reciben lo que necesitan de manera oportuna y exhaustiva. Los gerentes ilustrados lo proporcionan a través del liderazgo y apoyo. La salsa secreta es el cuidado al personal. Aquellos que no dan el cuidado necesario al personal cargarán con la responsabilidad de la apatía. La sencilla Encuesta *Smart16* identifica a los empáticos y a los apáticos. El PI de estos últimos coloca en sus fichas un número rojo en dólares.

Cerremos este capítulo con la cita de Lucas 6:38 que resume la relación causa - efecto entre dar y la reciprocidad positiva. ¿En dónde más puede usted encontrar una solución garantizada en las habilidades blandas altruistas? El motivador que impulsa a dar, activa los motivadores de otras personas para dar de vuelta.

> *Dato de interés: Si usted da, recibirá. Una medida abundante, apretada, sacudida y desbordante será puesta en su bolsillo. La misma medida que usa para dar a otros se le aplicará de vuelta.*

24

PRONOSTICANDO EL ROI DE LOS INTANGIBLES

"La invención es el producto más importante del cerebro creativo del hombre. El propósito fundamental es el dominio completo de la mente sobre el mundo material, el aprovechamiento de la naturaleza humana para satisfacer las necesidades humanas ".

NIKOLA TESLA

AL AVANZAR EN NUESTRA BÚSQUEDA del aprovechamiento de la naturaleza humana para satisfacer las necesidades humanas, los acontecimientos nos ayudan a mantener nuestra orientación y motivación. Los acontecimientos son más predecibles cuando hay insumos probados. El insumo más importante de la mente sobre el material, para nuestro tema, es el personal intrínsecamente motivado. Eso depende de sus jefes. Sí, la adquisición de satisfactores extrínsecos mantiene a las personas en el juego, pero no las hará brillar como estrellas. Eso se relaciona con la inspiración y con un Sistema que los gerentes utilizan para desencadenarla y mantenerla. Adquisición + Inspiración = Nuevo Resultado Neto.

Si los lectores implementan este Sistema en sus empresas, ¿qué resultados aparecerán y cuándo? La cronología que se presenta a continuación abarca 3 años, el tiempo necesario para institucionalizar la equidad de necesidades. Cada encuesta y el informe corporativo asociado - después del estudio inaugural de referencia - mostrarán un aumento en la satisfacción de las necesidades laborales. Después de la tercera encuesta, aparece la primera evidencia de una disminución en el índice de productividad. Proporciona una cifra exacta en dólares que corresponde al aumento de las ganancias y es evidencia de un impacto financiero positivo (capítulo 9). Las anomalías de los departamentos, resaltadas en cada informe corporativo *Smart16*, son investigadas en busca de causas y soluciones.

Acontecimientos de *Smart16*	Pronóstico de resultados de la institucionalización de la satisfacción de necesidades laborales durante 3 años (nueve encuestas *Smart16*). Se debe monitorear los resultados reales contra el estimado.
Encuesta # 1 Año 1	El Índice de Productividad de referencia (Nómina ÷ Ingresos = PI) es calculado para la empresa y para todos los departamentos antes del lanzamiento del Sistema. Todos los resultados de las encuestas futuras se comparan con las métricas de referencia. También se capturan las estadísticas y tendencias de la rotación de personal. El incremento en la satisfacción de las necesidades y la disminución de los PI se correlacionan (por el proveedor certificado) después de cada encuesta *Smart16*. La primera encuesta muestra que los departamentos que tienen una elevada satisfacción de necesidades tienen un PI más bajo (correlación inversa). Cuando no hay correlación inversa, hay anomalías que deben investigarse.
Encuesta # 2	La segunda encuesta refuerza las correlaciones entre la satisfacción de las necesidades laborales y los PI más bajos. Comienzan a aparecer líneas de tendencia favorables en la satisfacción de las necesidades laborales. Se debe investigar las anomalías de picos y valles, departamento por departamento y gerente por gerente. Los gerentes con mayor satisfacción de necesidades presentarán la tendencia de una menor rotación de personal. La institucionalización gradual de la equidad de necesidades reduce las anomalías.

Encuesta # 3	Al momento de la tercera encuesta (8 meses después de la primera), se han formado líneas de tendencia definidas. Los PI serán inversamente proporcionales a las líneas de tendencia de la satisfacción de las necesidades. El departamento financiero puede comenzar a calcular los ahorros en nómina al comparar el PI de referencia con los últimos PI. Cada disminución del 1 % en el PI ha incrementado las ganancias en un 1 % .
Smart16 Año 2	**Acontecimientos**: Los resultados estimados están siendo respaldados por métricas provenientes de las encuestas *Smart16* y de los análisis obtenidos de los informes corporativos *Smart16*.
Encuesta # 4	Al momento de la cuarta encuesta (inicio del segundo año), las tendencias son más pronunciadas. Los picos y valles en los gráficos de la satisfacción de necesidades se han moderado ya que la institucionalización muestra sus efectos. En la cuarta encuesta, los cuatro análisis siguientes deberían ser favorables: - Fuerte tendencia al alza en la satisfacción de las necesidades laborales corporativas. Gráficos de curvas de campana que se desplazan hacia la derecha. - Muchos niveles de satisfacción de necesidades laborales de los gerentes alcanzan 20/25 (el cuidado de la milla extra). - Disminución de los PI corporativos y de los departamentos (con ahorros) que generan ganancias adicionales. - Reducción de la rotación de personal con ahorros asociados a reclutamiento y capacitación. Se investigan las anomalías. Es necesario tomar acciones correctivas para eliminarlas.
Encuestas # 5 y 6	Hacia el final del segundo año, hay una marcada disminución en la rotación del personal y los PI son significativamente más bajos. Los ahorros, calculados en comparación con los PI de referencia, serán sustanciales (entre un 2 y un 3 % de los ingresos). Habrá un aumento proporcional de las ganancias.

Smart16 Años # 3 en adelante	Al terminar el tercer año, el sistema de equidad de necesidades estará institucionalizado. Todas las métricas serán favorables: punteos Smart16, los PI, disminución de la rotación de personal e incremento en la ganancia (entre un 4 y 6 % de los ingresos o mayor). La misión corporativa se está cumpliendo más a fondo y en menor tiempo.
Encuestas #7 a #9	Los objetivos sociales (mejora del clima organizacional, métricas de equidad de las necesidades) se benefician de una mejor financiación y un mejor apoyo ejecutivo y de línea descendente. Considere recompensas monetarias para el personal y para las unidades y departamentos que lograron mayor ganancia al disminuir los PI.
Encuestas #10 en adelante	Año 4 y subsiguientes: Se debe continuar con las encuestas y con el desarrollo del comportamiento y habilidades, en línea. Sin estos elementos, la institucionalización se corroe, el comportamiento se degrada. La reincidencia es perjudicial para los intereses del personal y para los intereses financieros y sociales de la empresa.

Acciones para Obtener Resultados Óptimos

Tareas de la Alta Dirección:

1. Establece la equidad de necesidades como una política corporativa.
2. Debe asegurar que la institucionalización del Sistema sea impulsada y respaldada por la cadena de mando.
3. El departamento financiero envía a los gerentes sus métricas de PI después de cada Encuesta *Smart16*. Los gerentes las publican en sus departamentos de forma que estén visibles para todo el personal.
4. Cada jefe de departamento ingresa a los resultados de la Encuesta *Smart16* para empezar a prepararse para retroalimentar a su equipo de trabajo.
5. A partir del año 4: Se debe continuar con las encuestas *Smart16* tres veces al año y con el desarrollo del comportamiento en línea.

Es necesario mantener la política de equidad de necesidades y aplicar el sistema de recompensas.

Tareas de la Cadena de Mando:

1. Aplicar el sistema tal como se propone y aconseja en *"El Gerente de la Milla Extra"*.
2. Todos los gerentes deben leer *"El Gerente de la Milla Extra"* y recibir el taller de dos días *El Tercer Cubo de Ganancia*.
3. Establecer un estándar elevado para los gerentes en cuanto a maximizar los motivadores intrínsecos de sus equipos.
4. Incluir las métricas de equidad de necesidades como un tema fijo en las agendas de reunión de los gerentes.
5. Resolver las anomalías estadísticas de los informes corporativos que obstaculizan la institucionalización de la equidad de necesidades.
6. Estas acciones ejecutivas aumentan la equidad de necesidades y las ganancias financieras obtenidas a partir de una alta productividad. Audite cada una de ellas para optimizar los resultados.
7. Decida cuál será el plan de acción con los gerentes que permanecen apáticos hacia las necesidades laborales.

Tareas de Recursos Humanos:

1. Revisar los descriptores de puesto de los gerentes e incluir la rendición de cuentas en la satisfacción de necesidades laborales.
2. Modificar los bonos por desempeño de los gerentes de tal manera que el 25 % del punteo anual, junto con la disminución del PI de los departamentos de dichos gerentes, refleje la satisfacción de las necesidades laborales; con una puntuación mínima de 20/25 para ser elegible a recibir un bono.
3. Juntamente con las cadenas de mando, deberá inscribir a los gerentes y personal en el aprendizaje en línea proporcionado con el Sistema.

4. Dar un reconocimiento público a los gerentes que obtienen o superen un punteo de 20/25, en *Smart16* y cuyos departamentos hayan tenido una disminución en el PI.

5. Inculcar la responsabilidad de la equidad de necesidades en los nuevos gerentes durante la contratación e integración. Inscribir a los nuevos gerentes en el taller *El Tercer Cubo de Ganancia* al haber cumplido 3 meses en el puesto.

6. Monitorear los resultados del primer año de la Encuesta *Smart16*. Dar coaching o una capacitación de refuerzo en el Sistema a los equipos de producción y personal de soporte (con sus respectivos gerentes), según sea necesario.

Dato de interés: Cuando se intenta cambiar nuestro comportamiento mediante presión, las excusas brotan en nuestro pensamiento.

Cambiar el comportamiento organizacional implica cambiar la colectividad de las mentes de nuestros colaboradores. A medida que lo intentamos, entra en juego el *Efecto Sísifo*. Sísifo era el rey de Éfira (actualmente Corinto, en Grecia). El Hades lo castigó por su maltrato a la gente, obligándolo a rodar una inmensa roca cuesta arriba solo para que rodara de nuevo hacia abajo cada vez que se acercaba a la cima, hecho que se repetía una y otra vez durante toda la eternidad. Curiosamente, San Pablo pasó mucho tiempo en Corinto y escribió dos largas cartas a sus seguidores allí. Probablemente estaba familiarizado con la historia de Sísifo. Les escribió esta cita conocida: "De todas las obras que hago, si no tengo amor, no me beneficia en nada". La novela *Victoria* de Joseph Conrad trata sobre el mismo tema.

Con relación a la ganancia empresarial, cada año desembolsamos grandes cantidades para la capacitación en liderazgo y gestión. Pero estamos empujando la roca cuesta arriba si se tolera el maltrato: se tolera el comportamiento gerencial apático. El pago interminable – reciprocidad negativa, personal no comprometido, desvinculación y pérdida financiera, sigue rodando de regreso hacia nosotros. Pero esa roca se vuelve más liviana a medida que institucionalizamos la equidad de necesidades. Llegamos con mayor rapidez al *Punto de Inflexión* (ver abajo). Hacia el final del tercer año, habremos cambiado la mente colectiva. El *Efecto Bola de Nieve* es la reciprocidad positiva impulsada por la motivación intrínseca. La futilidad en el comportamiento se transforma en impulso cuando el cuidado al personal se gana el favor de los colaboradores.

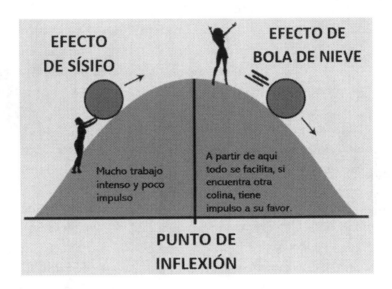

El Punto de Inflexión del Cinturón de Seguridad

Tomó 3 décadas para que los conductores de los EE. UU. superaran su resistencia al uso obligatorio de los cinturones de seguridad. Sin embargo, 200 millones de conductores estadounidenses lo hicieron. En la actualidad está institucionalizado a nivel nacional. Nuestra seguridad y la de nuestros pasajeros superó la resistencia. Aprendimos a cuidar los intereses de todos, especialmente de los millones de vidas que se estaban salvando. Se redujo la tarifa del seguro de responsabilidad civil. Nunca hubo un buen argumento contra el uso del cinturón de seguridad.

Elizabeth Dole, Secretaria de Transporte de los Estados Unidos de América, dio un ultimátum a los fabricantes de automóviles: instalen cinturones de seguridad en todos los vehículos, antes de una fecha determinada, de lo contrario haremos que instalen bolsas de aire laterales para el conductor y el pasajero. Los fabricantes no cumplieron, por lo que las bolsas de aire se convirtieron en obligatorias, al igual que los cinturones de seguridad. Su cerebro creativo estaba trabajando. Lideró a la nación y a 200 millones de conductores a hacer lo que era más conveniente para todos. Nuestro país superó el punto de inflexión.

La institucionalización de la equidad de necesidades es beneficiosa para todos. El bienestar dc las personas bajo nuestro cuidado superará la resistencia a la equidad de necesidades. Aprenderemos a *brindarla*, al igual que aprendimos a *abrocharnos* el cinturón. La institucionalización ocurre cuando los líderes, como la ex secretaria Dole, son creativamente implacables. No hay un buen argumento en contra de la equidad de necesidades. Los campeones, como Elizabeth Dole, hacen que suceda en sus ámbitos.

25

LA PLASTICIDAD NEURAL ENTREGA RESULTADOS

"Todo lo relacionado a la capacitación y educación humana debe ser reevaluado a la luz de la plasticidad neural".

NORMAN DOIDGE

EL ADAGIO QUE DICE QUE el leopardo no cambia sus manchas generalmente significa que las personas no cambian o no pueden cambiar su forma de pensar o de comportarse. En los últimos cuarenta años, y de manera muy profunda en los últimos veinte, la investigación ha demostrado que la plasticidad del cerebro nos permite cambiar la forma en que pensamos y actuamos.

Hace algún tiempo, los investigadores pensaban que la neurogénesis, o la creación de nuevas neuronas, se detenía poco tiempo después del nacimiento. En la actualidad, se sabe que la plasticidad neural le permite al cerebro reorganizar vías, crear nuevas conexiones y en algunos casos, generar nuevas neuronas. Las neuronas que se utilizan con frecuencia desarrollan conexiones más fuertes. Aquellas que rara vez se usan o nunca se utilizan, finalmente mueren. Al desarrollar nuevas conexiones y eliminar las débiles, el cerebro puede adaptarse al entorno cambiante*.

La introducción de la equidad de las necesidades en la estrategia de capital humano cambia el ambiente corporativo. El pensamiento y los comportamientos de los gerentes hacia el personal, que nunca habían estado bajo escrutinio, ahora lo están y además son notificados. Los números concretos sobre la forma en que los comportamientos de los gerentes afectan la productividad y las ganancias se revisan abiertamente en cada nivel de dirección. Las estrategias de cambio de comportamiento incluyen políticas, estándares, modificación de conducta y rendición de cuentas. Los KPI lucen muy diferentes. La buena noticia es que, por difícil que sea la modificación de comportamiento, nuestros cerebros empiezan a adaptarse cuando el cambio se vuelve necesario para la supervivencia o el avance.

> Entre otras cosas, la plasticidad neural significa que las emociones tales como la felicidad y la compasión pueden ser cultivadas de forma similar a la manera en que una persona aprende, a través de la repetición, para jugar golf y al baloncesto o a dominar un instrumento musical y es esa práctica lo que cambia la actividad y los aspectos físicos de áreas cerebrales específicas. (Dr. Andrew Weil)

> Debido al poder de la plasticidad neural usted puede replantear su mundo y reconfigurar su cerebro para ser más objetivo. Tiene el poder de ver las cosas tal y como son, para que pueda responder reflexiva, deliberada y eficazmente a todo lo que experimenta. (Elizabeth Thornton, educadora y autora)

> Nuestras mentes tienen la increíble capacidad tanto de alterar la fuerza de las conexiones entre neuronas, como de crear vías de comunicación completamente nuevas.

---

* https://www.verywellmind.com/what-is-brain-plasticity

> Esto hace que una computadora, que no puede crear nuevo *hardware* cuando falla su sistema, parezca inútil. (Susannah Cahalan, autora de *Brain on Fire*)

Las rutas neuronales muy transitadas que mantienen hábitos deficientes, emociones negativas, prejuicios y comportamientos egoístas pueden ser reemplazadas por nuevas rutas que transmiten y mantienen un comportamiento social favorable. Las antiguas rutas neuronales son las responsables del personal no comprometido y desinteresado. El entorno de trabajo transformado estimula la motivación y la creatividad. Lo que solía llamarse idealismo ahora es estrategia científica. Es nuestro deber fiduciario, proteger y estimular el crecimiento del capital humano de nuestra empresa. La plasticidad neural respalda nuestros esfuerzos.

Los lectores y sus empresas tienen delante de ellos una elección binaria:

1. Cultive el amor propio mientras pasa por alto algunas de las necesidades laborales de su personal. Viva con 2/3 de su fuerza laboral no comprometida. Deje que su cerebro siga conectado con el paradigma actual de desigualdad. Renuncie a las ganancias del tercer cubo. Olvídese de que su empresa sea el mejor lugar para trabajar.

2. Ame a su prójimo como a usted mismo, por ejemplo, si a usted le agrada que sus necesidades laborales sean satisfechas, entonces satisfaga las necesidades laborales de su personal. Eso es lo justo. Las mentes renovadas mantienen la equidad de necesidades. Aumente la ganancia proveniente del tercer cubo, para la empresa, el personal y los accionistas. Que su empresa sea el mejor lugar para trabajar.

La elección es entre la mediocridad y la excelencia. La opción 2 es genial porque elimina todas las formas de desigualdades ganar-perder, los colaboradores permanecen en la empresa, muy contentos. Lo que está en nuestro tercer cubo y en los informes anuales de la empresa reflejará las decisiones administrativas relacionadas al bienestar de las personas.

No hay una tercera opción. No hay razón para tolerar la *Gran Brecha* ni un día más. Se cierran los grifos de tinta roja en nuestros cerebros a medida que emergen nuevas rutas neurales. Estamos alineando los patrones de pensamiento motivacionales con los objetivos del negocio.

Para los lectores que desean la versión matemática de esta alineación hagamos el recorrido.

Lo que deseamos obtener es productividad. Como lo discutimos anteriormente, lo llamamos P. El término estadístico para ese producto es la *variable dependiente* (VD). Las mediciones asociadas a la productividad *dependen* de las entradas. La estadística para las entradas que afectan numéricamente la VD es la *variable independiente* (VI).

En nuestro caso, la VI que cambia la VD tiene dos habilidades macro: liderazgo y apoyo. Pero hay más de esta VI: la intensidad y la frecuencia (del uso de las habilidades macro) influyen. Una intensidad y frecuencia elevadas no reflejan variaciones de sigma con relación a la norma (el producto ideal que buscamos). Las varianzas se correlacionan con menor productividad – no es la VD que deseamos. Aquí lo tienen:

Algoritmo de Productividad *Diaplan*

Liderazgo elevado + Apoyo elevado = Productividad elevada

VI	VD
variable independiente	variable dependiente

En buen español, si yo siempre proporciono liderazgo y apoyo para satisfacer las necesidades laborales del personal, ellos serán altamente productivos. O, cuando recorro la milla extra por mi equipo de trabajo, simplemente estoy haciendo lo que funciona mejor.

En 2016, iniciamos un estudio de tres años con una empresa financiera en Centroamérica que tenía 800 colaboradores. La empresa estaba en números rojos cuando el CEO viajó a Miami para reunirse con nosotros. Era bastante nuevo en el puesto. La rotación de personal en su empresa era alrededor del 40 % y las encuestas de clima laboral eran insatisfactorias.

Decidió ser una empresa laboratorio para nuestros estudios e introdujo la equidad de necesidades. Capacitamos a todos los gerentes de la empresa para mejorar los punteos de la Encuesta *Smart16*. Adicionalmente, todos los gerentes se inscribieron a *DiaplanU* y estaban completando las pistas de aprendizaje conductual.

Antes de terminar el primer año, los números de la empresa ya estaban en color negro. La rotación de personal había disminuído en varios puntos porcentuales. Al finalizar el tercer año, la empresa había crecido y tenía 1200 colaboradores. La rotación de personal disminuyó a cifras cercanas al 20 %. La empresa continuó siendo rentable y alcanzó un estatus del mejor lugar para trabajar. El PI disminuyó del 33 al 24 %.

La plasticidad neuronal jugó un papel importante. Los patrones de pensamiento que provocaban el 40 % de rotación de personal fueron sustituidos por comportamientos que satisficieron las necesidades laborales. Los resultados financieros mejoraron considerablemente.

En diciembre de 2018, iniciamos un estudio de 3 años de duración con una empresa de servicios financieros de 400 empleados localizada en México. La última Encuesta *Smart16* se realizó en julio 2021. Al inicio del estudio, la empresa estaba en números rojos preocupantes. Mucho antes de que terminara el tercer año, estaba obteniendo ganancias sin precedentes. La curva de campana de satisfacción de las necesidades laborales se desplazó fuertemente hacia la derecha, de una línea punteada a una línea sólida (ver abajo). Los punteos promedio de satisfacción de necesidades en la Encuesta *Smart16* aumentaron por encima de 19/25, apenas por debajo del 80 % (nivel de la milla extra), pero lo suficientemente cerca como para cambiar radicalmente los comportamientos de la dirección y del personal.

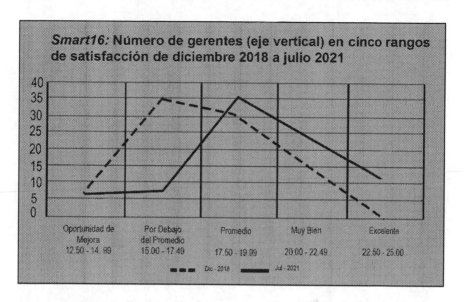

Smart16: Número de gerentes (eje vertical) en cinco rangos de satisfacción de diciembre 2018 a julio 2021

Los equipos de trabajo de 90 gerentes (más de 300 personas) reportaron en cuanto a su nivel de satisfacción de necesidades laborales. Los punteos de los gerentes se dividieron en cinco rangos, desde "Área de Mejora" hasta "Excelente". El desplazamiento hacia la derecha muestra que los gerentes cambiaron sus comportamientos para satisfacer de mejor manera las necesidades laborales del personal. La empresa estaba institucionalizando la equidad de necesidades. La siguiente tabla contiene los datos utilizados para construir el gráfico.

Datos de *Smart16*: diciembre 2018 versus julio 2021

Smart16	Diciembre 2018	Julio 2021
Oportunidad de Mejora	8	7
Por debajo del Promedio	35	8
Promedio	31	36
Muy Bien	16	24
Excelente	0	11
	90	86

Tasa de rotación anual, 2018: 55.9 % Tasa de rotación anual, 2021: 26.8 % (se redujo a la mitad).

El PI, diciembre 2018: 37.9 %. PI, julio 2021: 33.7 % (se redujo 4.2 % de los ingresos). Hubo incremento salarial general durante el transcurso del Estudio.

A medida que los nuevos comportamientos se manifiestan con mayor frecuencia e intensidad, el cerebro también está cambiando. Los comportamientos mejorados se vuelven habituales y posteriormente cambian a naturales. La regresión puede ocurrir si las motivaciones se degradan. La equidad de necesidades institucionalizada es una protección sólida contra el deterioro de la motivación, pero debe ser sostenida. El seguimiento con la Encuesta *Smart16* y *DiaplanU*, junto con la rendición de cuentas continua, mantiene la mejoría manifiesta en los resultados financieros al final del año.

El crecimiento de la empresa fue mayor a 100 colaboradores y tuvo un mejor desempeño con 4 gerentes menos que en el año 2018. En el año 2021 los ingresos y las ganancias alcanzaron los picos más altos en la historia de la empresa.

En nuestro capítulo final veremos si la variable independiente (VI), el salario, se correlaciona fuertemente con la variable dependiente (VD), empatía por las necesidades del personal.

26

SÍNDROME DE LA PERSONA CONTRATADA: RAMPA DE SALIDA

"La persona contratada no es el pastor, las ovejas no son propias. Cuando ve que el lobo se acerca, abandona a las ovejas y huye. El lobo se abalanza sobre ellas y dispersa al rebaño. La persona huye porque es un trabajador contratado y despreocupado por las ovejas".

PARÁBOLA DE JESÚS

LA PARÁBOLA NO TRATA SOBRE las ovejas, aunque es aplicable. Se trata de supervisores asalariados que carecen de empatía. No existe correlación entre el salario y la empatía.

Dato de interés: La falta de responsabilidad por el bienestar del personal provoca inseguridad, fragmentación y dispersión.

Terminemos esta investigación. Cuando vemos apatía, la despreciamos; luego esperamos que los resultados floten inofensivamente hacia algún vacío. Pero hacemos muy poco al respecto. Nos preocupa la experiencia del colaborador, pero aún no hemos logrado establecer como política de la empresa el cuidar de sus necesidades laborales. Si no es el cuidado, ¿cuál es la estrategia que satisface las aspiraciones del personal? La experiencia que desean los colaboradores es tener un trabajo que los motive y un jefe que los impulse a crecer. Sin eso, nada libera sus fuertes motivadores laborales.

Hacer propia la equidad de las necesidades es una cadena de custodia. Los eslabones débiles - los gerentes apáticos - rechazan adueñarse de la responsabilidad. Cuando la dirección conecte la apatía con la pérdida de la mitad de las ganancias corporativas, la política y práctica de la equidad de necesidades alcanzarán el punto de inflexión y luego se transformarán en bola de nieve. Si no nos gusta el *efecto* actual entonces lo racional es cambiar la *causa*. La apatía irracional perpetúa el Efecto Sísifo.

El desempeño del equipo refleja nuestro desempeño como gerentes. Todos estamos en alguno de los puntos en el *continuum* apatía-empatía que se muestra a continuación. Nuestra posición en determinado punto predice nuestro desempeño como gerentes. Los puntos fluctúan debido a las relaciones, los intereses personales y las prioridades actuales del negocio. Los gerentes empáticos no solo quieren que su personal sobreviva, sino que prospere. Nuestra migración hacia la derecha hace que nuestro equipo avance hacia la prosperidad.

Si nuestro enfoque no es pragmático, no se percibe y no habrá reciprocidad. La sinceridad es fundamental. ¿Qué tan fácil es para cualquier gerente caer en la Gran Brecha tan solo en las primeras dos necesidades laborales del *Smart16*? Considere un ejemplo cotidiano:

Lo que las Personas Quieren:

1. Recibir un trato justo y equitativo con otros.
2. Ser aceptado en mi grupo.

Lo Que Es:

1. Hay un grupo cerrado en la oficina que excluye a los demás.
2. Sally y Maria hablan mal de Felipe y Louise.

3. El gerente asigna las tareas destacadas a Randy; a Dante le asigna las pesadas.

4. Los favoritos del gerente ocupan los asientos junto a la ventana.

5. La computadora de Gene es muy vieja y lenta. Todos los demás tienen computadoras más recientes y rápidas.

6. Ana Lucía fue contratada hace 2 años. Brenda, fue contratada este año y recibe mejor salario por el mismo trabajo.

7. Alec, amigo del hijo del gerente, puede dejar de cumplir los plazos. Otros, reciben reprimendas.

8. Sheila frecuentemente está en la oficina del gerente. El gerente atiende a todos los demás en sus escritorios.

9. En las reuniones de equipo, el gerente siempre pide la opinión de las mismas personas.

10. El gerente dio excelentes evaluaciones anuales a dos colaboradores mediocres pero consentidos y las peores a tres colaboradores ejemplares.

El síndrome de la persona contratada está en funcionamiento. La brecha entre lo que se desea y lo que se obtiene es evidente. El gerente puede estar consciente de algunos problemas. Otros surgieron de manera imperceptible. La bestia que acecha a este equipo es la negligencia. La atención del equipo está fragmentada y las renuncias se avecinan. El gerente está descuidando o evadiendo responsabilidades, aun así, recibe un salario y un bono. La alta dirección no está al tanto de esta brecha. La empresa está desembolsando dos salarios por un gerente - el salario que le corresponde y el costo adicional por negligencia.

Ser el responsable directo o permitir, no solo que se desarrollen, sino que se arraiguen los 10 factores desmotivadores, es una disfunción común. Los punteos de los *Smart16* muestran brechas de 2 a 3 sigmas con relación a la norma (y hay otras 14 necesidades laborales). ¿Qué tan malo puede llegar a ser? En este momento ya lo sabemos. Estar ajeno e indiferente son rasgos de apatía. Ahuyentamos al lobo con empatía intencional y pragmática. ¿Cómo se ve una reversión de la situación?

Las discusiones individuales y grupales en las que los sentimientos salen a la superficie son terapéuticas. Admitir errores y comprometerse a mejorar, junto con la rendición de cuentas, fortalece la integridad, credibilidad y responsabilidad de los gerentes. Es tener empatía precisa, apuntando directamente a cada necesidad laboral hasta que todas estén satisfechas. Las brechas que se han obviado permanecen en el foco de atención hasta que se cierran.

En el *continuum,* podemos reflexionar sobre las brechas que están entre dos y tres sigmas y que nos colocan en la zona roja (área sombreada en gris a la izquierda del *continuum;* cuanto más claro sea el tono, más tinta roja) en ciertas respuestas de la Encuesta. Para migrar a la zona negra en la siguiente encuesta, obtenemos los sentimientos del personal en cuanto a la orientación o el apoyo deficiente por parte nuestra. Nos comprometemos nuevamente a satisfacer las necesidades laborales y luego damos rienda suelta a nuestros instintos sociales primitivos. La práctica estimula cambios neurológicos que respaldan habilidades macro. Avanzamos poco a poco hacia la zona negra del *continuum.*

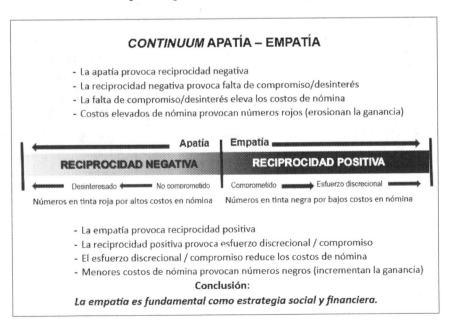

Subestimamos en gran manera el papel de los gerentes al confiarles el cuidado de vidas humanas. No conectamos el amor por su personal con su desempeño y el de su equipo. Esa desconexión degradó el cuidado del personal. Es nuestra trágica y paradigmática falla financiera. El rol de la administración se asemeja más a pastorear que a supervisar; pastorear requiere cuidado personal mientras que supervisar, no lo requiere. La supervisión no alinea a nuestros colaboradores con nuestros objetivos.

La palabra en inglés para administración (*management*) proviene del latín *manus* que significa *mano*. Por ejemplo, la forma en que los entrenadores en las caballerizas de César *manejaban* a los valiosos animales bajo su cuidado. Ellos eran susurradores de caballos, capaces de convertir caballos sin domar en monturas para niños. De manera similar, administrar personal requiere cuidado y desarrollo, constantes.

A continuación, una historia de la vida real acerca de lo que puede hacer el comportamiento social para cada uno de los colaboradores:

> Al inicio de mi carrera en Neiman Marcus (antes de las computadoras portátiles y los teléfonos celulares), tuve un jefe que realmente me entendía: Jeremiah Murphy. Siempre confiaba en que yo cumpliría con el trabajo y al mismo tiempo, me animaba a ir más allá de lo que decía mi descriptor de puesto. De hecho, se aseguraba de que yo fuera *más allá* de mis responsabilidades y me animaba constantemente a adoptar una mentalidad emprendedora, una habilidad que ahora valoro mucho.
>
> Desde finanzas hasta logística, aprendí a negociar para obtener más - de otros y también de mí mismo. Jerry Murphy representaba la disrupción, la innovación y el pensamiento fuera de lo convencional. Él hacía que cada día fuera divertido y lo equilibraba con una determinación única. Apreciaba el trabajo duro, la persistencia y las ideas para ampliar los límites de atracción de los clientes hacia la marca. Sobre todo, Jerry creía en el poder de la gratitud.

Recuerdo haber entrado a su oficina una mañana de diciembre después de trabajar 15 horas diarias durante 3 días seguidos. Estábamos repasando el plan de ventas del cuarto trimestre y me desmayé. Quedé completamente inconsciente en su oficina. Jerry encontró a alguien que me llevara a casa y unas horas más tarde, hizo que un restaurante enviara a mi casa, un plato de sopa. (¡Esto fue mucho antes de Uber Eats o del servicio de entrega a domicilio!)

Nunca olvidaré ese acto de generosidad. Me enseñó que un *gran jefe recorre la milla extra* para mostrar gratitud. La idea de que la gratitud importa es algo en lo que aún creo. Me rodeo *de líderes que se preocupan profundamente* unos por otros y que desafían el *statu quo* en busca de un objetivo común: *nutrir los sueños* de cada uno y *cultivar gratitud*, un jardín a la vez. (Donna Letier; el énfasis es mío. https://blog.gardenuity. com/6-stories-of-the-best-bosses/)

¿Recuerda la pregunta del director ejecutivo, el Sr. Rogoff?

"¿Qué es lo que el personal quiere de nosotros que no le estamos dando?"

Escuchémoslo directamente de sus propios labios: "Recibir un trato como lo esperamos, con empatía, cariño y que recorran la milla extra para satisfacer nuestras necesidades laborales".

¡Allí está su respuesta, Sr. Rogoff! Gracias por haber sido un gerente de la milla extra. Nuestras sinceras disculpas porque nos tomó 40 años de investigación encontrar esa respuesta.

RESUMEN

Nuestro mandato es organizar los intangibles no obvios que se correlacionan fuertemente con el ROI. El liderazgo y el apoyo al personal son los impulsores. Haremos que aproveche su inversión, genere ROI y elimine el arrepentimiento del comprador. Solo la intransigencia, la indiferencia o la cobardía pueden disuadirnos.

A nivel mundial, los trabajadores anhelan una intervención a su favor. A nivel mundial, el maltrato al personal tiene un costo para las empresas de 7 billones de dólares anuales (Informe de McKenzie & Company, agosto 2022). La política de equidad de necesidades es la esperanza de nuestra nación y del mundo, para un crecimiento sostenible e inclusivo. Liberar el potencial humano se traduce en un PIB elevado. Las décadas futuras necesitan una creación masiva de riqueza que permita elevar el estándar de vida de toda la población.

Las transformaciones a menudo fracasan, pero tenemos todo a nuestro favor. Cada gerente y cada colaborador se convierte en agente de cambio. Hemos abordado cada estrategia que contribuye a la realización de esta transformación. La empatía y el altruismo están en nuestro ADN para dar y recibir. Nuestros primos los simios nos dan el ejemplo. La cohesión del clan también es la norma del *Homo sapiens*. La apatía es antisocial y se generaliza con una administración permisiva. A medida que nos enfocamos en la equidad de necesidades, nuestras mentes se renuevan. Las vías neuronales en rojo se marchitan y mueren. La transformación, que comienza en el cerebro, termina en el estado financiero.

El *Gerente de la Milla Extra* es nuestro manual de operaciones para este imperativo humano y financiero. A medida que decimos Sí a la búsqueda, ocurre un cambio en nuestra esencia. Cambia la estrategia para alcanzar nuestra misión.

Nuestra persistencia y trabajo intelectual nos llevaron a esta plataforma de lanzamiento. Al dejar de lado la apatía y abrazar el afecto, llevamos esperanza a quienes simplemente *sobreviven*. Los hacemos *florecer*. La recompensa es nuestro legado.

Joe y *Regina*

EPÍLOGO

Para obtener más información sobre la institucionalización de la equidad de necesidades a través de *Smart16* y *DiaplanU*, por favor llame al +1 (954) 612-2140, o envíe un correo electrónico a:

mail@diaplanonline.com

con su información de contacto. Usted será remitido a una empresa consultora con licencia para el Sistema. Muchas gracias por ser nuestro lector y por su interés continuo.

BIBLIOGRAFÍA

Cox, Joe, Zelaya, Julio. 2007. *What I Didn't Learn in My MBA, The Third Dimension of Profit*. The Learning Group Press.

Joe Cox, 2013, *Nail it Today, with Both Hands*. AuthorHouse.

Andrew Weil, M.D., 2011. *Spontaneous Happiness*. Little, Brown Spark.

Norman Doidge, M.D., 2007. *The Brain That Changes Itself: Stories of Personal Triumph from the Frontiers of Brain Science*. James H. Silberman Books.

Susannah Cahalan, 2012, *Brain on Fire*, Simon & Schuster.

Bassi, Lauri. 2004. *The impact of U.S. firms' Investments in Human Capital and Stock Prices*. (Artículo de Investigación)

Klein, H. J. 1989. *An Integrated Control Theory Model of Work Motivation*. Academy of Management Review, 14: 150-172.

Leonard, N. H., Beauvais, L. L., & Scholl, R. W. 1995. *A Self Concept Based Model of Work Motivation*. Artículo presentado en la Reunión Anual de la Academia de Administración, Vancouver, BC.

Richard Ryan/Edward Deci, 2016 *Self-Determination Theory, Basic Psychological Needs in Motivation, Development and Wellness*. Guilford Press

Porter, L. W., & Lawler, E. E. 1968. *Managerial Attitudes and Performance*. Homewood, IL: Richard D. Irwin, Inc.

Dawkins, Richard. 1990. *The Selfish Gene 30th Anniversary Edition*, Oxford University Press.

Diamond, Jared. 2006. *The Third Chimpanzee: The Evolution and Future of the Human Animal*. Harper and Company.

Halloran, Andrew. 2012. *The Song of the Ape*. St. Martin's Press.

Caudron, Shari. 2001, Nov. 4. *The Myth of Job Happiness, Workforce HR Trends $ Tools for Business Results*.

Graizer, Peter. 2001. *How to keep the team motivated over the long haul*. Recklies Management Project.

Sullivan, Jim and Kocenivich, Dick (agosto, 2000) *Recognize the Importance of Incentives and Rewarding Employees*. Nation's Restaurant News.

Swift, Billie. (septiembre, 2001) *"Thank You" Goes A Long Way."* Risk Management. Risk Management Society Publishing, Inc.

Abraham Maslow. 1987. *Motivation and Personality*, Third Edition (Harper & Row).

F. Herzberg, B. Mausner, B.B. 1993 *The Motivation to Work*. Snyderman. Somerset, NJ: Transaction Publishers.

D. McGregor, 1960. *The Human Side of Enterprise*. McGraw Hill.

Kouzes, James M., Posner Barry Z. 2008. *The Leadership Challenge*, 4th Edition. Wiley and Sons.

John Holt. 2003. *Instead of Education, Ways to Help People Do Things Better*. Sentient Publications, LLC.

Bandura, A. 1986. *Social Foundations of Thought and Action: A Social Cognitive Theory*. Englewood Cliffs, NJ: Prentice Hall.

J.M. Syptak. *Altruism in Practice Management: Caring for Your Staff*. October 1998. Family Practice Management. 58-60.

B.B. Longest, P.E. Spector. 1997. *Job Satisfaction: Application, Assessment, Causes and Consequences*. Thousand Oaks, Calif: SAGE Publications.

P. Hersey, K.H. Blanchard, D.E. Johnson. 1996. *Management of Organizational Behavior: Utilizing Human Resources*, 7th Ed. Prentice-Hall.

LaRue, Michael D. 2002. *This Place is a Zoo, How to Manage the Unmanageable Organization*. iUniverse.

Howard, Pierce J., Howard, Jane Mitchell. 2001, *The Owner's Manual for Personality at Work*. Bard Press.

De Bono. Edward 1985, 1999. *Six Thinking Hats*. Back Bay books. Little, Brown and Company.

Lencioni, Patrick 2002. *The Five Dysfunctions of a Team: A Leadership Fable*. Josey Bass.

Blanchard, K., Zigarmi, P., Zigarmi, D. 1985. *Leadership and the One Minute Manager*. HarperCollins Publishers.

Covey, Stephen R. 2004. *The Seven Habits of Highly Effective People*. Free Press.

Klaas, Brian, 2021. *Corruptible: Who Gets Power and How it Changes Us*. Scribner.

Michael Graetz, 2004. *The Role of Architectural Design in Promoting the Social Objectives of Zoos. Part 2 Physical elements of Zoo Design*. Disertación Doctoral.

Brassey, Jacqueline, de Smet, Aaron, Krayt, Michiel, 2023. *Deliberate Calm: How to Learn and Lead in a Volatile World.* McKinsey and Company

REFERENCIAS EN LA WEB

http://www.emory.edu/LIVING_LINKS/LL_209/inequitypress1.html Quoting Jeanna Bryner, Live Science Staff Writer, Nov. 12, 2007.

http://www.livescience.com/15451-chimps-humanlike-altruism.html

http://www.livescience.com/4515-selfless-chimps-shed-light-evolution-altruism.html

http://www.brainhealthandpuzzles.com/brain_effects_of_altruism.html

http://www.huffingtonpost.com/2012/07/19/altriusm-brain-temporoparietal-junction_n_1679766.html

http://www.psmag.com/culture-society/scientists-locate-brains-altruism-center-43356/

http://www.childwelfare.gov/pubs/usermanuals/fatherhood/chaptertwo.cfm

http://www.highered.mcgraw-hill.com/sites/dl/free/0073511722/.../Chap010.doc

http://www.cbr.cam.ac.uk/pdf/RR454.pdf

http://www.teambuildinginc.com/article_teammotivation.htm

http://www.rochester.edu/pr/Review/V72N6/0401_feature1.html

http://www.mba-courses.com

http://en.wikipedia.org/wiki/Servant_leadership

https://www.mindtools.com/a9wjrjw/ebbinghauss-forgetting-curve

Printed in the United States
by Baker & Taylor Publisher Services